Anne de France

Enseignements à sa fille

© Publications de l'Université de Saint-Étienne, 2006
35, rue du Onze Novembre, 42023 Saint-Étienne

ISBN 978-2-86272-409-6

La cité des dames

Anne de France

Enseignements à sa fille

*suivis de l'*Histoire du siège de Brest

Édition Tatiana Clavier
& Éliane Viennot

Publications de l'Université de Saint-Étienne
2006

La cité des dames

La cité des dames* est une collection de livres de poche dédiée aux classiques féminins du Moyen Âge et de l'Ancien Régime. Elle vise à faciliter l'accès aux grands textes ou à des types d'écrits peu connus mais importants du point de vue de l'histoire littéraire, de l'histoire des idées, de l'histoire tout court. Les textes sont édités par les meilleur-e-s spécialistes des autrices concernées. Ils sont complets dans la mesure du possible, en extraits si trop volumineux, regroupés en anthologie si nécessaire. Ils sont reproduits en orthographe et ponctuation modernisées. Les volumes sont dotés d'un appareil critique léger mais sûr.

La collection est dirigée par Éliane Viennot, professeure à l'Université de Saint-Étienne, membre de l'Institut universitaire de France et présidente de la *Société Internationale pour l'Étude des Femmes de l'Ancien Régime* (www.siefar.org), dont la plupart des éditeurs et éditrices des volumes sont membres.

Déja paru :
– *Mémoires et discours* de Marguerite de Valois (1574-1614), éd. É. Viennot, 2004, 228 p., 8 €.
– *Les Angoisses douloureuses qui procèdent d'amour* (1543) d'Hélisenne de Crenne, édition établie par Jean-Philippe Beaulieu, 2005, 380 p., 10 €.
– *L'Histoire des favorites* de Mme de La Roche Guilhen (1697), éd. Els Höhner, 2005, 416 p., 8 €.
– *Les Enseignements d'Anne de France à sa fille* (1505), suivis de l'*Histoire du siège de Brest*, éd. Tatiana Clavier & É. Viennot, 2006, 144 p., 7 €.

À paraître :
– *Théâtre de femmes, XVIᵉ-XVIIIᵉ siècles, Anthologie*, éd. Aurore Evain, Perry Gethner, Henriette Goldwyn, 5 vol.
– *Les Nouvelles africaines* de Mme de Villedieu (1673), éd. Donna Kuizenga.
– *Traités sur l'excellence des femmes, XVIᵉ-XVIIᵉ siècles, Anthologie*, éd. Renée-Claude Breitenstein.
– *Poésies* de Mme Deshoulières (sélection, fin XVIIᵉ siècle), éd. Volker Schröder.

* *La Cité des dames* est le titre d'un ouvrage majeur de Christine de Pizan (1405), qui est aussi le premier manifeste féministe de notre littérature.

INTRODUCTION

Anne de France, duchesse de Bourbon et d'Auvergne (1461-1522), fut l'une des femmes politiques les plus importantes de son temps. Arrivée au gouvernement en 1483, à l'occasion de la minorité de son frère Charles VIII, elle exerça le pouvoir durant de longues années avec son mari, Pierre de Beaujeu. Puis elle se concentra sur la conservation du duché de Bourbon, revendiqué par la Couronne aux dépends des droits de sa fille Suzanne. C'est pour cette fille unique, alors âgée d'environ treize ans, que peu après la mort de Pierre elle rédigea ses *Enseignements*. Ce texte était suivi, dans le manuscrit offert à Suzanne en 1505, d'une assez longue nouvelle relatant un épisode de la guerre de Cent ans, qui mettait en valeur la force de caractère d'une femme et l'aide morale déterminante qu'elle apportait à son époux dans un moment crucial de sa vie.

Ces deux œuvres sont les seules que l'on connaisse d'Anne de France. Elles témoignent prioritairement de son souci d'aider sa fille, de lui fournir à la fois des conseils et des modèles, au cas où elle se retrouverait, jeune encore, privée de sa mère. Elles explicitent les idées de la duchesse en matière d'éducation des femmes, idées qu'elle mit en pratique avec succès, puisque c'est elle qui forma la plupart des grandes dirigeantes de la génération suivante (Marguerite d'Autriche, gouvernante des Pays-Bas ; Louise de Savoie, deux fois régente en France ; Diane de Poitiers, mentor et maîtresse d'Henri II…). Mais ces œuvres témoignent avant tout de l'extraordinaire personnalité d'Anne de France, des principes qui sont à l'origine de sa réussite personnelle, de sa perception des dangers qui guettaient les femmes de son époque, et d'un talent que Marguerite de Navarre fut la première, sans doute, à remarquer.

L'expérience de « Madame la Grande »

La fille de Louis XI est bien connue des historiens de la Renaissance ; même si les recherches et les biographies sur sa personne sont rares, son rôle politique est reconnu et généralement apprécié. Par ailleurs, ses écrits ont été publiés à diverses reprises et personne n'en a jamais contesté la paternité. Pourtant, les deux personnages peinent à se rencontrer dans les commentaires qui lui sont consacrés. L'autrice, surtout, fait problème : les historiens oublient généralement d'évoquer cette facette du personnage, ou n'y accordent pas d'intérêt, et les littéraires ne sont pas parvenus, jusqu'à une date récente, à produire un discours critique sur ses écrits. Seuls les spécialistes de l'éducation et les historiens du féminisme mentionnent les *Enseignements* (et eux seuls), mais sans les mettre en relation avec l'expérience de la femme.

Cette incapacité persistante à considérer Anne de France comme actrice politique *et* comme écrivaine pourrait bien provenir de la contradiction qui paraît exister entre un parcours politique d'une remarquable pugnacité et une œuvre qui paraît toute entière vouée à l'enseignement de la soumission féminine… C'est que l'œuvre est généralement mal lue, et surtout mal contextualisée. Les *Enseignements* et l'*Histoire du siège de Brest* nous livrent pourtant la clef d'une carrière politique presque tout entière placée sous le signe de la dissimulation. Comme le dit Michelet – pas toujours aussi bien inspiré –, Anne de France semble avoir « mis autant de soin à cacher le pouvoir que d'autres en mettent à le montrer[1] ». Ses contemporains avaient déjà le même sentiment. D'après Brantôme, dont la grand-mère Louise de Daillon du Lude avait été élevée avec elle, la duchesse de Bourbon était « fort dissimulée », et en cela « vraie image du roi son père ». Lorsque son frère Charles VIII alla à Naples, ajoute-t-il (soit en 1495, pour la première des campagnes d'Italie), elle affecta de se retirer de la vie politique nationale, laissant son mari en première ligne, mais continua de s'en occuper :

> elle ne demeura plus en titre de régente, mais [seulement] son mari, Monsieur de Bourbon, régent. Il est bien vrai qu'elle lui faisait faire beaucoup de choses de sa tête ; car elle le gouvernait et le savait bien mener[2].

Une telle attitude lui avait peut-être été inspirée par son père. Toutefois, si le père et la fille sont restés dans l'histoire comme deux personnages particulièrement malins, faisant leurs coups en douce, il n'est pas sûr que le parallèle puisse être poussé très loin. Louis XI n'avait pas à « cacher le pouvoir », et d'ailleurs il ne le faisait pas : en tant que fils aîné de Charles VII, il était un gouvernant légitime. Anne, en

---

1. Jules Michelet, *Histoire de France*, vol. 5, *La Renaissance triomphante*, éd. Claude Metra, Genève, Rencontre, 1987, p. 106.
2. Brantôme, « Discours sur Mesdames, filles de la noble maison de France », in *Recueil des Dames, poésies et tombeaux*, éd. Étienne Vaucheret, Paris, Gallimard « La Pléiade », 1991, p. 167-169.

revanche, cumulait les titres qui auraient dû l'écarter du pouvoir.

D'abord, même si elle était l'aînée des trois enfants de Louis XI et de Charlotte de Savoie, elle était une fille. Dans une Europe qui pratiquait la préférence masculine en cas de choix entre les héritiers d'un trône, elle ne pouvait prétendre à rien puisqu'elle avait un frère. Ensuite, elle n'était que la sœur du petit Charles. Dans un système qui acceptait – non sans difficulté – les veuves de rois mères de fils mineurs au poste de régente, elle aurait dû s'effacer devant Charlotte de Savoie. Enfin, elle était jeune – vingt-deux ans –, et même pas mariée à l'un des plus grands princes du royaume. Certes, Pierre appartenait à la prestigieuse famille des Bourbons, mais en 1483, à quarante-cinq ans, il n'était encore qu'un cadet, un « sire de Beaujeu », et sa fortune n'était due qu'aux services (pas toujours reluisants) qu'il avait rendus à son beau-père. Dans une société encore féodale où prévalait la logique de l'âge, de l'aînesse et des titres, le handicap était très lourd.

Ajoutons une dernière raison, et non la moindre, expliquant l'impérieuse nécessité, pour Anne, de « cacher son pouvoir » : au sein de cette Europe restreignant par divers moyens l'accès des femmes au gouvernement, la France était en pointe. Là où les autres pays acceptaient les successions féminines en cas d'absence de garçon, le royaume des lys s'était engagé dans un autre système au début du XIVe siècle, lorsque trois absences de fils dans la lignée royale avaient été « résolues » par l'éviction des filles et la captation du pouvoir par le parent mâle le plus proche. Longtemps injustifiable, cette exception française avait provoqué la guerre de Cent ans – et, du côté des usurpateurs, la recherche fébrile d'une justification. C'est ainsi que, bien longtemps après les coups d'État et le début de la guerre, était née la « loi salique », prétendue loi datant des origines du royaume (du temps des Francs Saliens) et empêchant les femmes d'hériter ou de transmettre la couronne. Dans l'idée de ses concepteurs, cette théorie était d'abord faite pour éviter les successions féminines ; mais ses partisans comptaient bien qu'elle permettrait aussi de barrer tout accès des femmes au gouvernement[3].

Le sire de Beaujeu et sa jeune épouse, donc, n'auraient jamais dû parvenir au pouvoir. D'autres gens, en revanche, auraient pu y accéder… La mère de Charles et d'Anne, on l'a dit ; mais Louis XI ne la trouvait guère capable[4]. Leur beau-frère aussi, Louis d'Orléans, qui avait épousé leur sœur Jeanne et qui était leur plus proche cousin. Mais Louis XI connaissait son histoire de France : il se méfiait des « princes du sang », toujours prêts à revendiquer leur place au Conseil au nom de leur grandeur et de leur proximité avec le roi mineur – et en réalité préoccupés par la préservation ou l'accroissement de leur propre pouvoir. Il avait par ailleurs beaucoup bataillé pour rattacher au royaume des provinces qui s'étaient autonomisées durant la guerre de Cent ans ; il savait qu'une minorité royale sous régence princière serait l'occasion de revenir sur tout ce qu'il avait réalisé, et son père avant lui, en termes de centralisation et de renforcement du pouvoir monarchique. Se sentant malade, il fit donc tout son possible pour que sa fille et son gendre, en qui il avait toute confiance, lui succèdent aux commandes de l'État.

---

3. Voir Éliane Viennot, *La France, les femmes et le pouvoir*, vol. 1, Paris, Perrin (à paraître en 2006).
4. Charlotte de Savoie mourut de toutes manières quelques mois seulement après son mari.

Comme prévu, Anne et Pierre s'en saisirent à sa mort, en tant que tuteurs du jeune Charles, âgé de treize ans. Et comme prévu, les ligues princières se formèrent presque aussitôt – le temps de mesurer l'habileté des nouveaux dirigeants. Attentifs à ne pas se mettre en avant[5], ceux-ci parvinrent en effet à désamorcer l'opposition de quelques personnages importants, puis à faire confirmer leur pouvoir par les États généraux de 1484 – tout en refusant modestement le titre de régents (que tout un chacun leur donna néanmoins). Ils durent alors affronter des coalitions d'une ampleur extrême, car le duc d'Orléans et son entourage rallièrent contre eux non seulement tous les mécontents de France et de Navarre, mais aussi le duc de Bretagne François II, l'empereur Maximilien Ier, le roi d'Angleterre Henri VII… Cette « guerre folle » se termina en 1488 par la déroute de plusieurs coalisés et l'incarcération de Louis d'Orléans. Pierre et Anne purent aussi, à cette date, s'imposer à la tête du duché de Bourbon. De moins en moins ouvertement contestés, ils poursuivirent la reprise en main du royaume et poussèrent l'avantage jusqu'à imposer, après la mort de François II de Bretagne, le mariage de sa fille aînée et héritière, Anne, avec Charles VIII, qui fut célébré en 1491.

C'est l'époque que choisit Anne de France, si ce n'est pour repasser dans l'ombre, du moins pour laisser à son frère, désormais adulte et marié, la première place. Le souvenir de la grand-mère de Brantôme permet de mesurer

---

5. Sur cette stratégie adoptée dès la mort de Louis XI, voir Éliane Viennot, « Gouverner masqués. Anne de France, Pierre de Beaujeu et la correspondance dite "de Charles VIII" », *Cahiers L.-V. Saulnier*, 19 (« L'épistolaire à la Renaissance »), Paris, Éd. ULM, 2002.

l'importance toute relative de ce retrait. Peu de monde, du reste, devait être dupe, car Charles VIII et son épouse passaient chaque année de longs mois à Moulins, dans la capitale du Bourbonnais. Et Pierre continuait d'être, officiellement, le « numéro deux » du régime – d'où sa nomination comme régent en 1495, lorsque Charles partit en campagne d'Italie. Les oppositions s'étaient alors évanouies. Louis d'Orléans avait été libéré, et il secondait à présent ses cousins. Par ailleurs, tous les observateurs pouvaient constater que le roi n'avait pas hérité de toute l'intelligence politique de son père… et que les Bourbons faisaient bien leur travail.

Cette impression était si partagée qu'à la mort accidentelle de Charles VIII, en 1498, bien des gens crurent qu'ils allaient reprendre les commandes du royaume, d'autant que Charles n'avait pas d'héritier (son seul fils était mort en bas âge). Au nom de qui, toutefois, les Bourbons auraient-ils exercé le pouvoir? Il n'y avait plus de roi mineur. Eux-mêmes n'avaient qu'une fille, Suzanne, née en mai 1491. Faire d'elle la future reine aurait impliqué de reconnaître Anne capable de transmettre la couronne – voire la lui donner (après tout, Suzanne n'était pas orpheline, et Anne était la fille aînée d'un roi). C'eût été revenir d'un coup sur les deux « principes » dynastiques entérinés par plus de cent ans de guerre civile et étrangère, et, depuis la « guerre folle », objets d'une bruyante publicité…

Les « régents » aimaient trop la paix civile pour se lancer dans une telle aventure; ils favorisèrent l'accès au trône de leur beau-frère, Louis d'Orléans, qui monta sur le trône sous le nom de Louis XII. Anne, surtout, joua un rôle déterminant dans cette transition pacifique. En effet, Louis n'avait jamais beaucoup fréquenté son épouse, et la disgrâce physique de cette princesse laissait entrevoir que, même avec de la bonne volonté, ils n'auraient jamais d'enfants – autre perspective grosse d'orages pour le royaume de France. D'autre part, le processus de rattachement de la Bretagne à la France initié avec le mariage de Charles VIII risquait de s'interrompre si sa veuve, encore jeune, se remariait avec… quelqu'un d'autre que Louis. Un procès en annulation de mariage fut donc organisé, au cours duquel Anne témoigna que l'union de sa sœur et de Louis n'avait jamais été consommée. Jeanne elle-même ravala sa peine et ne s'opposa pas à cet arrangement[6]. Louis put épouser Anne de Bretagne, qui redevint ainsi reine de France.

Sans doute la duchesse de Bourbon ne rendit-elle pas gratuitement ce service à son pays (qui conserva ainsi ses chances de s'agrandir d'une belle province) et à son beau-frère (qui partagea désormais sa vie avec une femme qui lui plaisait). Il est plus que probable que le sort de son duché fut au cœur de la transaction. Depuis plusieurs décennies, en effet, cet immense territoire indépendant situé en plein cœur du domaine royal français était – comme plusieurs autres – la cible de manœuvres destinées à l'y rattacher. Dans plusieurs contrats de mariage de ses propriétaires, des clauses avaient été insérées, qui restreignaient la transmission du duché en seule ligne masculine directe : en l'absence de fils à qui le léguer, le Bourbonnais ferait « retour au roi ». Or Suzanne était pour l'instant le seul enfant d'Anne et de Pierre.

Louis XII attendit quelque temps pour respecter ses engagements. En 1501, toutefois, Anne ayant atteint l'âge

---

6. Jeanne de France (1464-1505) fonda par la suite l'ordre des Annonciades et termina sa vie dans la dévotion. Elle fut canonisée en 1952.

de quarante ans sans avoir pu donner naissance au garçon tant attendu, il reconnut solennellement, par lettres patentes, que le Bourbonnais était une terre patrimoniale transmissible selon le droit commun. Cette décision souleva un tollé au Parlement de Paris, dont l'une des missions était d'« enregistrer » les nouvelles lois après avoir vérifié leur compatibilité avec les précédentes. La cour, entièrement masculine et hostile au droit des femmes, estima que les clauses insérées dans les contrats matrimoniaux des Bourbons primaient sur la décision de Louis XII ; elle refusa d'enregistrer ses lettres patentes.

En 1503, Pierre décéda. Suzanne avait alors douze ans – l'âge où l'on mariait bien des filles, surtout dans son milieu. Les grandes manœuvres commencèrent autour de celle qui était toujours considérée comme l'héritière du Bourbonnais. C'est à cette époque, où elle redoutait d'être séparée de sa fille du jour au lendemain pour cause d'union décidée dans le Conseil du roi, qu'Anne écrivit pour elle ses *Enseignements*. Elle fit également écrire par Symphorien Champier, un humaniste lyonnais, la *Nef des dames vertueuses* : un ouvrage rassemblant quatre traités, dont un sur les femmes célèbres et un sur le mariage. En 1505, Anne de France parvint à marier sa fille à Charles de Montpensier, issu d'une autre famille en butte à la rapacité de l'administration royale. Louis XII marquait ainsi une nouvelle fois sa volonté d'aider son ex-belle-sœur : Charles fut intronisé duc de Bourbon-Monpensier. La logique patrimoniale semblait devoir reprendre ses droits.

C'est sous le règne de François Ier, qui débuta en 1515, que les choses se gâtèrent. D'une part, aucun des enfants que Suzanne parvint à mettre au monde ne survécut, et elle-même mourut en avril 1521. D'autre part, les tensions grandirent avec la nouvelle famille royale, bien que Charles fût un ami d'enfance de François Ier et qu'il ait reçu de lui la charge de connétable de France (chef des armées). Dès la mort de Suzanne, il se considéra – avec l'accord de sa belle-mère – seul détenteur du Bourbonnais. Mais c'est aussi ce que fit la mère du roi, Louise de Savoie, nièce de Pierre de Bourbon par sa mère. Invité à trancher le différend au profit de Louise, le Parlement de Paris ne montra aucun enthousiasme pour cette autre version du droit des femmes ; en contradiction avec ses prises de position antérieures, il se montra longtemps favorable au Connétable. Il dut néanmoins s'incliner lorsque, outré par l'attitude de la Couronne, celui-ci passa avec armes et bagages au service de l'ennemi (en l'occurrence, la coalition impériale austro-espagnole). Sa belle-mère venait juste de mourir, un an après sa fille. Louise obtint gain de cause : le duché de Bourbon fut purement et simplement confisqué, puis démantelé. Quant à son propriétaire légitime, il mourut à Rome peu après, en faisant la guerre aux Français…

Anne de France avait donc, bien avant ces dernières difficultés, accumulé une impressionnante expérience de la vie dans les hautes sphères de la société. Arrivée au pouvoir comme un cheveu sur la soupe, elle avait fait face à la tempête et s'en était tirée avec l'estime de tous. Devenue duchesse de Bourbon et d'Auvergne, elle avait gouverné ses domaines avec la même habileté. Elle avait par ailleurs posé les premières pierres de la grande cour qui allait désormais caractériser la vie politique française, en rassemblant autour de son frère Charles VIII et des principaux acteurs du gouvernement un savant mélange de femmes, de savants et d'artistes propre à donner l'envie d'être là, à attirer la grande noblesse (de sorte qu'elle « courtise », plutôt qu'elle « fronde »), à constituer une vitrine du pouvoir. Pour que les femmes appelées à jouer leur rôle dans ce dispositif puissent le faire, Anne de France s'était attelée à leur formation, d'où sa longue réflexion sur l'éducation féminine, sur la manière de se comporter en société, sur la nécessité de « tenir ses femmes ». Pour que chacun ressente la supériorité monarchique, elle avait fait bâtir à Moulins un splendide château inspiré des dernières nouveautés italiennes – l'un des premiers du genre en France ; elle y avait rassemblé une bibliothèque impressionnante, appelé des intellectuels, des peintres, des sculpteurs. Elle avait fait embellir la cathédrale de riches vitraux, entrepris la rénovation d'autres châteaux, encouragé les nobles de la région à suivre son exemple[7]…

Toute cette expérience était-elle transmissible ? À une jeune fille de treize ou quatorze ans ? Sûrement pas. Le plus sûr était de lui transmettre des règles de base : des règles valables pour toutes les grandes dames, celles-là mêmes qui avaient permis à la duchesse de parvenir à ses fins, de sortir victorieuse des situations les plus délicates, de devenir l'une des femmes les plus respectées et les plus puissantes de son temps.

Les Enseignements (1503-1504)

C'est peut-être parce qu'Anne de France va à l'essentiel dans ses instructions à sa fille, et que cet essentiel semble un bagage bien maigre pour une princesse, dans un temps où les trônes petits ou grands étaient régulièrement occupés par

---

7. Sur le mécénat d'Anne de France, voir Suzanne Baron-d'Heedene, *Le Mécénat d'Anne de France ou la Vie artistique à la cour de Moulins*, Thèse, Paris IV, 1992.

des femmes, que le livre n'a pas reçu toute l'attention qu'il mérite. De fait, sa simplicité n'est qu'apparente, et les trente courts chapitres de ces « petits enseignements » (prologue) sont plus lourds de sens qu'il ne paraît à première vue.

Il faut d'abord considérer le pragmatisme de l'ouvrage. La plupart des traités pédagogiques sont alors écrits par des professeurs soucieux d'être lus par d'autres que leurs élèves : par leurs collègues, par la communauté des intellectuels, par des gouverneurs ou gouvernantes de princes à la recherche de précepteurs… Anne de France écrit pour sa fille unique, dans une sorte d'urgence, sans souci de ce qu'on pensera de son œuvre : cette fille est encore très jeune, elle vaut de l'or, elle risque d'être transplantée d'un jour à l'autre dans une famille rivale où l'on s'intéressera surtout à son héritage. La duchesse ne se livre donc à aucun exercice de style, à aucun plaidoyer *pro domo*, à aucune démonstration. Elle constitue un legs – non pas en terres et en propriétés, mais en conseils maternels, à lire et à relire. Certains de ces conseils sont faits pour l'immédiat, d'autres pour des temps plus lointains. Mais le tout est, si nécessaire, à lire tout de suite, pour s'imprégner de l'ensemble des messages ; l'œuvre est donc courte, compréhensible, efficace.

Cette minceur, cette rapidité, cette efficacité ne sont aucunement synonymes de légèreté ou de facilité. Étonnantes sont au contraire l'épaisseur, la densité des « enseignements », la somme d'expérience qu'ils recèlent, la richesse des échos qu'ils renvoient quant à la pensée d'Anne de France, quant à la société où ces femmes évoluaient.

Les injonctions, parfois, sont précises : sur les jeux et les « ébattements » des « femmes et filles » de l'entourage d'une grande dame, sur les défauts qu'il faut combattre, sur les dangers qui en proviennent, sur les habillements, les gestes, les regards qu'il faut adopter ou proscrire… Toute une société se dévoile alors, dans laquelle les rangs, les préséances, le paraître, la médisance, jouent un rôle déterminant. Bien souvent, toutefois, les conseils d'Anne de France reviennent, quel que soit le thème abordé, au même objectif: ne rien faire qui puisse susciter l'envie, la moquerie, la haine; ne donner prise à rien. Et pour y parvenir, une seule solution: « le moyen état » – nous dirions le juste milieu. N'être ni bavarde ni muette, ni démonstrative ni indifférente, ni richement parée ni pauvrement mise, ni galante ni dragon de vertu… Être transparente? Mieux que cela, plus difficile encore. Car la grande dame doit être vue. Elle doit être un modèle, un « patron ». Un miroir, donc, plutôt qu'une vitre… Moyen suprême de ne pas donner prise – et de se cacher.

C'est derrière cette invitation à vivre sur le fil du rasoir, en perpétuelle maîtrise des effets de ses paroles, de ses gestes, de ses mines, de ses mises, que s'entend l'expérience de la duchesse et ex-régente. Le monde du pouvoir est impitoyable. Toute faiblesse est un marche-pied pour ceux qui lorgnent votre place. Toute faute est une chute annoncée. Les vrais amis sont improbables, les époux pas forcément sûrs, les amants fatals. Les confidences des autres vous asservissent, les vôtres vous enchaînent. Le lignage seul est fiable – et encore: à condition d'avoir été respecté, entretenu, choyé… Lorsque la voix de la mère se fait plus insistante, lorsqu'un *je* vient appuyer les dires des « philosophes », lorsqu'on l'entend gronder contre les « lourdauds » qui s'amusent à « farcer les femmes » et « surtout les grandes », lorsqu'on l'entend sourire à l'idée des galants ramenés dans le droit chemin, on se dit qu'on aimerait en savoir plus sur la vie de Madame la Grande ! Aucune confidence, toutefois, ne vient émailler les *Enseignements*. En toute logique.

Faute de confidences, la fille de Louis XI délivre bel et bien – au-delà des messages concernant la ligne de conduite évoquée – des enseignements qu'il convient d'entendre. Le premier concerne la famille, au sens que l'on donnait alors au mot *race* : la lignée, le groupe uni par le même sang, les mêmes ancêtres. Ce n'est pas seulement pour faire plaisir à une vieille tante ou pour éviter de se faire des ennemis qu'il faut respecter ses parents ; et ce n'est pas non plus seulement parce que le contraire serait « signe de pauvre entendement ». L'indignation d'Anne de France est réelle, à l'évocation de ceux qui font semblant de ne pas connaître leurs cousins parce que le sort les a mieux servis qu'eux, ou de celles qui veulent « passer devant » leurs mère et tantes parce qu'elles ont fait un beau mariage. La logique politique de l'Ancien Régime, qui veut que les individus se déplacent sur l'échelle sociale en fonction des alliances, des charges, de la faveur, se heurte ici à une logique plus ancienne (ou plus intemporelle), qui veut que l'on respecte ses parents, ses aînés, son conjoint… Même si leur conduite personnelle n'invitait pas à ce respect, il ne faudrait rien en manifester – juste s'écarter, éviter d'être trop dépendant de telles personnes, garder son quant-à-soi.

Cet attachement à l'ordre familial est un attachement politique à l'ordre social – qui est aussi, pour Anne de France, un ordre moral. À plusieurs reprises, elle revient sur ce qu'est la noblesse, la vraie, celle qui fait rimer *lignage* avec *courage*. « La nature des nobles, dit-elle notamment, doit être d'accroître leur renommée de bien en mieux, tant en vertus qu'en savoir » (XXVI). *Doit*, et non *est*. Car « noblesse, tant

soit grande, ne vaut rien, si elle n'est ornée de vertus »
(XVII). L'impératif moral se confond ici avec l'impératif
politique. La renommée n'est que la récompense de la mise
en œuvre des vertus et du savoir de la noblesse, vertus et
savoir qui justifient son rôle dans la conduite de la société. Si
les nobles se conduisent comme ils le doivent, l'édifice tient
bon. C'est pourquoi la noblesse « selon les termes de raison,
ne doit point être […] foulée ni amoindrie » (XVI). Et pourtant, elle l'est souvent, se désole la duchesse, et par les nobles
eux-mêmes : « c'est grande pitié, quand noblesse est foulée
par ceux de qui elle doit être supportée ! » (XXVII).

Deux maux, tout particulièrement, sont dénoncés par
Anne de France. Deux plaies de son temps. Le premier
touche l'ensemble de la noblesse : c'est l'orgueil, le vertige
induit par « l'avancement ». Mettre ces remarques au compte de l'ordinaire rengaine (« c'était mieux avant ») serait faire
preuve de courte vue. Les bouleversements consécutifs à la
guerre de Cent ans, à la remise en ordre du pays, à la réduc-
tion souvent brutale des opposants par le pouvoir, à sa ges-
tion parfois grossière des fidélités, à l'essor continu de la
bourgeoisie, sont la toile de fond des *Enseignements*. En
témoignent non seulement les condamnations d'hommes et
de femmes perdant tout respect pour leur parenté ou s'ima-
ginant que l'on ne sait pas d'où ils sortent, mais aussi les
remarques fielleuses sur les « bourgeoises de ville » qui veulent « prendre état » (XXVI). En témoigne également, de
manière plus sourde, l'importance du réseau lexical de
l'avancement et du recul, de l'élévation ou de l'abaissement
qui traverse tout ce texte. L'insistance, voire la crispation sur
le respect des préséances, sur la nécessité de suivre « droit et
raison », de ne pas « fouler noblesse », peuvent alors appa-

raître comme le produit de l'angoisse soulevée par l'instabilité sociale, par la « valse des titres » ou des situations si caractéristique de la seconde moitié du XVe siècle. Traiter chacun et chacune « selon son état », *manifester* ces différents états, « garder son droit », respecter la hiérarchie traditionnelle, sont autant de moyens d'y résister.

L'autre plaie de son temps touche les relations entre hommes et femmes. Là encore, un réel bien dur sous-tend la dénonciation de la duchesse de Bourbon et les appels vibrants à la prudence qu'elle adresse à sa fille. Conséquence d'un processus déjà ancien et qui dépasse largement la France, mais dont l'une des étapes majeures a été, en France, l'exclusion des filles de l'héritage du trône, la dégradation des relations entre les sexes est sensible depuis une bonne centaine d'années lorsqu'Anne de France prend la plume pour écrire ses *Enseignements*. Christine de Pizan en a décrit plusieurs aspects dans sa *Cité des dames* (1405) : violence domestique, mépris des femmes, empêchements mis à leur éducation et à l'exercice de certaines fonctions, succès éhonté des grands classiques de la misogynie chez les intellectuels… Alain Chartier a mis en scène dans sa *Belle Dame sans merci* (1424) la décomposition de l'idéal courtois qui en résulte : l'homme qui fait sa cour dans les formes exige en retour d'être accepté comme amant ; la femme, elle, ne voit pas pourquoi elle se plierait à ses exigences et dénonce l'insincérité des hommes, qui ne cherchent qu'à crier sur les toits leur succès auprès des femmes, au mépris de l'honneur de celles-ci. Martin Le Franc a réitéré les dénonciations de Christine de Pizan dans son *Champion des dames* (1441), et il a rajouté un mal, tout nouveau, à la liste déjà longue de ceux qui accablent le sexe féminin : la chasse aux sorcières…

Anne de France, qui a lu ces livres, n'entre pas dans toutes ces considérations – d'autant qu'elle en laisse à Champier, qui rédige parallèlement la *Nef des dames vertueuses*. Elle concentre son propos sur les relations amoureuses, le principal danger qui guette Suzanne. Qu'elle se méfie absolument des « grands signes d'amour » qu'on pourrait lui montrer, y compris des serments prononcés « sur l'autel et missel » (XI). Même les relations en tout bien tout honneur sont à proscrire, car alors on prête le flanc aux bavardages, aux médisances – sans compter le plaisir d'humilier, qui n'a pas attendu l'époque des *Liaisons dangereuses* pour gangrener la bonne société. Ici toutefois, contexte oblige, il est spécifiquement dirigé contre les femmes, et plus particulièrement contre les grandes dames. Diverses stratégies masculines sont décrites par la duchesse, de la vantardise pure et simple à l'*outing* programmé, en passant par les racontars, les mines entendues, la cour faite à une femme pour déstabiliser un concurrent, ou pour faire rire la galerie. Sur ce plan, la décadence de la noblesse est patente : « il n'y a si noble », écrit-elle, qui n'estime « que la trahison soit déraisonnable. Et s'il en y a un qui y veuille aller le droit chemin, les autres ne s'en font que moquer en diverses manières, tant est le monde corrompu » (XXVI). La *Belle dame sans merci* faisait déjà le même diagnostic – quoique dépourvu d'analyse politique. C'est pourquoi Suzanne n'est aucunement invitée à réagir comme elle. Peut-être les longs débats soulevés par l'œuvre de Chartier, toujours vifs au temps d'Anne[8], l'ont-ils conduite, autant que son expérien-

---

8. Voir Arthur Piaget, « La Belle Dame sans merci et ses imitations », *Romania*, 30 (1901), p. 22-48, 317-51 ; 31 (1902), p. 315-49 ; 33 (1904), p. 179-208 ; 34 (1905), p. 375-428, 559-97.

ce propre, à peaufiner la bonne attitude, celle qu'elle décrit dans les derniers chapitres de ses *Enseignements*.

Dans l'ensemble des messages qu'Anne de France veut transmettre à sa fille, celui qui concerne le salut de son âme est certainement le moins pressant. Certes, l'ouvrage s'ouvre sur les « peines d'Enfer », les « joies qui à jamais sont en Paradis », le « Jugement général », et il se ferme sur l'inéluctabilité de la mort, la nécessité d'« avoir la grâce de Dieu en ce monde, et en l'autre sa gloire », sans compter la prière finale adressée au Père, au Fils et au Saint Esprit. Certes, les premiers chapitres offrent une pesante concentration de références bibliques (Paul) et patristiques (Ambroise, Augustin, Bernard, Thomas). Et certes, les occurrences du mot Dieu frisent la soixantaine, ce qui n'est pas rien dans un texte aussi bref. Mais il n'y a pas grand chose à conseiller dans ce domaine, alors qu'il y en a tant concernant la vie d'« ici-bas » ! Représentatif est à cet égard le développement donné, dans le chapitre XVIII, à l'injonction « faites tant que vous soyez aimée de Dieu et du monde ». La phrase qui suit règle le premier plan : « Laquelle souveraine grâce, pour aller le droit chemin, vous acquerrez. » La seconde, au contraire, ouvre toute une série de conseils : « Après, ma fille, pour acquérir la grâce du monde et avoir bonne renommée, soyez toujours véritable… », etc.

Au-delà des quatre premiers chapitres, d'ailleurs, les références bibliques et patristiques s'estompent, voire disparaissent : saint Paul est cité deux autres fois, saint Jean Chrysostome trois. Les Pères de l'Église cèdent ainsi la place au « bon docteur Liénard » (Léonard d'Udine), auteur contemporain de sermons, qui se taille la part du lion avec dix-huit occurrences… avant de disparaître lui-même, après le chapitre XVII. Les quatre premiers chapitres sont par ailleurs ceux où surgissent le plus de références à d'autres autorités, soit philosophiques, soit pédagogiques. Et si la plupart des auteurs cités ou évoqués appartiennent au monde chrétien (Boèce) voire au clergé (Pierre de Luxembourg, Laurent d'Orléans, Suso), d'autres sont de francs païens (Socrate, Aristote[9]), sans compter tous les « philosophes » anonymes, qui ne sont allégués qu'à propos de conduites relatives au « monde ».

La saturation d'autorités de toutes natures dans les premiers chapitres des *Enseignements* peut ainsi être analysée comme relevant d'une stratégie de renforcement de l'autorité maternelle, d'autant plus nécessaire que, dans le prologue, Anne a présenté son œuvre comme le fruit d'un « pauvre, rude et débile engin » – d'un esprit faible. Même s'il ne convient pas de prendre au pied de la lettre cette formule, qui deviendra un *topos* des écrits féminins du XVIe siècle, la précaution n'est pas inutile : Suzanne doit comprendre que sa mère, pour n'être qu'une femme, ne dit rien d'autre que tous ces grands personnages respectables[10]. La démonstration une fois faite, en revanche, la parole d'Anne se libère pour délivrer des messages qui, certes, demeurent le plus souvent dissimulés derrière un « on » généralisant, figurant l'opinion des gens raisonnables, mais qui, sauf exception, ne sont plus appuyés que par de vagues références à « un philosophe ». Quant à Dieu, il n'est jamais à perdre de vue, mais ce n'est pas lui le problème. Le problème, c'est les autres, c'est la société.

---

9. Du moins peut-on penser que c'est de lui qu'elle parle (voir note 17).

10. C'est du reste pour cette raison qu'elle ne cite pas le *Livre des trois vertus* (1406) de Christine de Pizan, seul traité d'éducation des femmes écrit par une femme, qu'Anne a pourtant lu et relu (voir le Complément bibliographique).

L'histoire du siège de Brest

Par deux fois dans ses *Enseignements*, Anne de France abandonne la modalité injonctive qui est la sienne tout au long du texte pour faire place à de courtes narrations. La première, celle de la dame dont l'amoureux « ne tint pas son serment plus de quatre heures » (XI), n'est guère qu'une ébauche d'histoire. La seconde en revanche, celle des trois filles du seigneur de Poitiers qui « perdirent leur bon heur par leurs folies » (XIII), est un véritable petit apologue, où perce le talent de la duchesse pour le récit. Il faut croire que ce mode d'expression la tentait, puisqu'elle s'est livrée à l'écriture d'une assez longue nouvelle, qu'elle a fait recopier à la suite de ses « petits enseignements » dans le seul manuscrit connu.

Si le choix de cette place indique qu'Anne de France trouvait l'œuvre susceptible d'illustrer la liste de ses conseils, nous ne savons pas si elle l'a pensée dans cet objectif ou s'il s'agit d'un écrit plus ancien, élaboré dans un autre contexte et recyclé pour faire partie du « legs » constitué pour Suzanne entre 1503 et 1505. Nous ne savons pas non plus comment la duchesse appelait ce texte ni à quel genre il s'apparentait pour elle. Ce n'est pas le terme *nouvelle*[11] qui apparaît dans la longue explication précédant le texte dans le manuscrit, mais le terme *exemple* :

> Extrait d'une épître consolatoire transmise à une dame nommée Catherine de Neufville, dame de Fresne, sur la mort et trépas de son premier et seul fils, lui réduisant à mémoire l'exemple de la dame du Châtel en Bretagne,

---

11. Déjà bien attesté grâce au succès de ce qu'on appelait alors les « cent nouvelles » de Boccace (c'est-à-dire le *Décameron*), mais il est vrai peu usité dans le cas de récits isolés.

laquelle fut si constante et vertueuse que, pour ôter les douleurs de son mari et le réconforter, et aussi pour sauver son honneur, abandonna la vraie et naturelle amour de son fils, comme appert [*apparaît*] par l'exemple qui s'ensuit.

Cette « explication », qui est peut-être due au clerc chargé de confectionner le manuscrit, nous donne à la fois un résumé de l'histoire et – à demi-mot – son origine. L'*Histoire du siège de Brest* est en effet une réécriture d'une partie d'une œuvre d'Antoine de La Sale (1386-1460?) : *Le Réconfort de Madame de Fresne*. Cette œuvre, rédigée en 1457, se composait de trois textes : une épître adressée à Catherine de Neufville, dame de Fresne, qui venait de perdre son premier enfant (184 lignes dans l'édition moderne[12]), suivie de deux « exemples », disait La Sale, celui de « Madame du Chastel » (720 lignes), et celui de la « baronnesse de Portugal » (322). Le premier « exemple » était lui-même déjà la réécriture d'un texte plus ancien : un épisode de la guerre de Cent ans rapporté par Jean Froissart dans ses *Chroniques* (le siège de Brest, intervenu en 1357), mais peut-être connu par La Sale à travers une autre source encore.

D'une réécriture à l'autre, la vérité des faits s'était notablement modifiée… Froissart racontait en effet le siège de Brest *par les Français* (puisque les Anglais occupèrent la ville de 1342 à 1396), et l'exécution d'otages *anglais* sous ses murs. La Sale (ou l'auteur intermédiaire supputé) avait interverti les rôles : dans le *Réconfort de Madame de Fresne*, la ville est assiégée par le Prince Noir (fils d'Édouard III d'Angleterre), et c'est un otage français – le fils du seigneur et de la dame du Châtel – qui est mis à mort non loin de ses murs…

---

12. Voir les références dans le Complément bibliographique.

Reprenant ce schéma, Anne de France fait une nouvelle œuvre. Non seulement elle rajeunit la langue – en pleine transformation au XVᵉ siècle – mais elle remodèle le texte. Elle en fait un récit autonome, en retouchant soigneusement son ouverture et sa clôture. Elle resserre l'intrigue autour des personnages principaux, et elle rééquilibre les relations entre le seigneur du Châtel et son épouse. Elle transforme le personnage du fils en donnant à sa mort une portée religieuse ; de même, elle donne une fin à l'histoire en faisant périr la flotte anglaise dans une tempête qui s'apparente à une punition divine. Elle insère en outre une vingtaine d'enluminures dans le récit, qui d'une part renforcent les messages du texte et d'autre part travaillent puissamment à son économie : les images expliquant bien des choses, le texte peut s'en dispenser ; toute l'esthétique du texte s'en trouve modifiée[13].

Enfin, et peut-être surtout, elle fait de la dame du Châtel une véritable héroïne, qui rayonne d'une force intérieure – et qui, l'air de rien, domine son monde. Cette femme a, de longue date, réussi à gagner la confiance de son mari, grâce à sa sagesse, à sa discrétion, et aussi grâce à un respect affiché de la sujétion féminine. En réalité, elle est plus sage que son époux (que la colère contre l'ennemi félon entraîne sur la voie de l'imprudence), et elle songe, plus que lui, aux conséquences d'une défaite face aux Anglais. À aucun moment, toutefois, elle ne lui fait sentir sa supériorité : elle tente de le persuader en lui parlant d'honneur, de responsabilité, de danger, puis, la persuasion ayant échoué, elle n'hésite pas à s'évanouir en public au moment opportun, pour empêcher l'irréparable. Ce faisant, elle fait la démonstration

---

13. Pour une comparaison des deux textes, voir l'étude indiquée dans le Complément bibliographique.

qu'elle est capable de « laisser le courage féminin », d'autant que l'épreuve traversée est le sacrifice d'un enfant – d'un unique enfant. La dame du Châtel s'avère ainsi un modèle de femme. Non point un modèle théorique, comme en brossent les *Enseignements*, mais un modèle pratique, qui a su et sait mettre en œuvre les messages qu'ils distillent. Non point une très grande dame, dirigeant un « hôtel » dans un temps de paix apparente, mais une épouse de capitaine, saisie dans une situation extrême, et qui sait faire face au danger. Sauver Brest, si ce n'est la France.

La réception des œuvres

Écrits pour Suzanne, les *Enseignements* d'Anne de France ont d'abord été recopiés à son intention, avec l'*Histoire du siège de Brest*, dans un magnifique manuscrit orné des armes des Bourbon-Beaujeu, de la devise d'Anne de France (« Espérance ») et de dix-neuf enluminures (deux grandes, en ouverture et clôture du manuscrit, et dix-sept petites, chargées d'illustrer la nouvelle). Cet ouvrage a très vraisemblablement été offert à Suzanne à l'occasion de son mariage, en 1505 ; on y repère en effet des monogrammes (entrelacements de lettres majuscules servant de signature) d'Anne, de Suzanne et de Charles, ainsi que quelques vers malhabiles qui pourraient être du Connétable. Ce manuscrit semble avoir été confisqué, avec le reste de la bibliothèque de Moulins, en 1527. Il a ensuite changé plusieurs fois de mains et de lieu de conservation (Diane de Poitiers, notamment, l'a gardé au château d'Anet) avant d'échouer, à la fin du XVIIIe siècle, à Saint-Pétersbourg. C'est là qu'il a été décrit, une première fois sommairement, par le comte Dubrowski qui l'y avait apporté, puis, plus amplement, par l'archiviste de l'allier A.-M. Chazaud, chargé d'en faire une édition à la fin du XIXe siècle, et fort heureusement aidé dans son travail par un graphiste, A. Queyroy, qui recopia les miniatures. Heureusement, car le manuscrit a disparu dans les années 30 du XXe siècle.

On ignore si c'est ce manuscrit qui a servi pour la première édition des *Enseignements*; l'orthographe y est différente, et quelques mots supplémentaires voire quelques reformulations y apparaissent – toutes choses qui cependant peuvent être de l'initiative de l'imprimeur. Par ailleurs, la nouvelle n'y figure pas. D'autres mystères entourent cette première édition : la date n'y est pas mentionnée, les références de l'éditeur se réduisent à la formule « on les vend à Lyon chez le Prince », et c'est une sorte de dédicace qui tient lieu de titre à l'ouvrage :

> À la requête de très haute et puissante princesse Madame Suzanne de Bourbon, femme de très illustre et puissant prince Monseigneur Charles duc de Bourbon et d'Auvergne et de Châtellerault, Connétable, Pair, et Chambrier de France ; et fille de très haute et très excellente dame Madame Anne de France, duchesse desdits duchés, fille et sœur des rois Louis XI et Charles VIII.

En s'appuyant sur ce « titre », on a supputé que cette édition avait été réalisée à la demande de Suzanne, ce qui la situerait avant 1521. Mais les spécialistes de l'édition lyonnaise en doutent parfois, car elle paraît plutôt l'œuvre du successeur de Claude Nourry, décédé en 1533[14]. Il est pourtant fort peu probable qu'elle soit postérieure à la mort du

---

14. C'est ce successeur qu'on surnommait « le Prince ». Voir William Kemp, « Textes composés ou traduits par des femmes et imprimés en France avant 1550 : bibliographie des imprimés féminins (1488-1549) », *Littératures*, 18 (« *L'Écriture des femmes à la Renaissance française* »), Montréal, McGill, 1998, p. 179-181.

Connétable (1527), date à laquelle plus personne n'avait intérêt à publier ce texte. Il se pourrait en revanche que l'impression des *Enseignements* ait fait partie de ses « stratégies de communication » : la diffusion d'un livre affichant les titres de la mère, de la fille et de l'époux était un bon moyen de rappeler ses droits et de soutenir son combat pour la conservation du duché de Bourbon. On comprendrait mieux, alors, et l'évitement de la nouvelle (propre à brouiller le message politique, car appartenant à un genre moins noble) et le silence sur la date (l'objectif étant de faire croire à une initiative des deux duchesses).

Cette première édition, en tout cas, a servi à la suivante : celle réalisée à Toulouse, chez Jean Barril (et Eustache Mareschal), en 1535, à la demande de Marguerite de Navarre, sœur du roi François Ier. Dans cette édition, qui ne comporte pas davantage la nouvelle, mais qui fait suivre le texte de plusieurs poèmes, celui-ci est doté pour la première fois d'un titre, suivi lui aussi d'une longue « dédicace » :

> Enseignements moraux. À très excellente et puissante princesse et dame Madame Marguerite de France [*sic*], reine de Navarre, duchesse d'Alençon et de Berry, comtesse d'Armagnac, avec très humble révérence…

Les *Enseignements* sont ensuite plus ou moins tombés dans l'oubli, avant d'être redécouverts à la fin du XIXe siècle, lors de l'enquête effectuée dans les bibliothèques européennes pour réunir la correspondance de Catherine de Médicis. Le manuscrit de Saint-Pétersbourg, étudié et copié, a alors servi de base à la première édition savante des deux textes, en 1878, effectuée par Chazaud et illustrée des dessins de Queyroy ; les textes étaient accompagnés d'une introduction, d'une étude sur la langue d'Anne de France et d'un inventaire des livres lui ayant appartenu. Cette édition est certainement à l'origine des quelques pages consacrées aux œuvres de la duchesse par Alice Hentch dans son étude pionnière intitulée *De la littérature didactique s'adressant spécialement aux femmes* (1903).

Le silence a ensuite de nouveau recouvert ces textes, tandis que les historiens se penchaient sur la femme politique. En effet, entre 1878 et 1978 (date à laquelle l'édition Chazaud a été reproduite), une seule publication des *Enseignements* – et eux seuls – a vu le jour, en 1935. Due au président de la Société Bourbonnaise des Études locales de Moulins, Joseph Viple, elle faisait état de son étonnement à trouver « tant de tact, tant de douceur, tant d'humilité » sous la plume de « l'orgueilleuse princesse, dont parle Brantôme », mais aussi de sa satisfaction à la lecture de leçons qui « conviennent parfaitement encore aujourd'hui pour les filles de notre démocratie »…

Ces contresens, comme la rareté des éditions des textes, ont fait place depuis une vingtaine d'années à un regain d'intérêt. On en trouvera quelques témoignages dans le Complément bibliographique.

Principes d'édition[15]

Est ici reproduit le texte de l'édition Chazaud de 1878, dont on a corrigé quelques erreurs manifestes. La numérotation des « chapitres » (due à Chazaud, vraisemblablement à partir des lettrines du manuscrit), a été conservée pour son utilité, mais également corrigée : le « prologue » et la

---

15. Nous tenons à remercier Jean-Jacques Vincensini, professeur de littérature médiévale à l'Université de Corse, de son aide pour l'éclairage de passages difficiles.

« conclusion » en ont été dissociés, et l'un des chapitres a été divisé en deux, en conformité probable avec la volonté d'Anne de France (voir la note 119) ; leur nombre s'élève ainsi à 30 (et non à 31). Des paragraphes ont été créés dans les *Enseignements* quand cela paraissait possible, pour faciliter la lecture d'un texte souvent très dense ; toutefois, les rares alinéas de l'édition Chazaud ont été signalés par une marque de paragraphe. Le même système a été suivi dans l'*Histoire du siège de Brest*, où les alinéas créés sont pour l'essentiel relatifs à la disposition des dialogues. Les dessins de Queyroy ont été reproduits, sans leur encadrement (où s'intégrait du texte), à la place où ils apparaissaient dans l'édition Chazaud.

L'orthographe a été systématiquement modernisée, comme la ponctuation. Les mots qui n'existent plus ou dont l'acception s'est transformée depuis le XVIᵉ siècle sont signalés par un astérisque et explicités dans le glossaire situé en fin d'ouvrage. Ceux qui se sont transformés mais qui demeurent compréhensibles ont été conservés avec leur prononciation, mais soumis aux règles d'accord et d'accentuation en vigueur aujourd'hui. Les mots qui ont changé de genre grammatical ont été conservés tels quels lorsque ce genre ne fluctuait pas à l'intérieur des textes. *Or* conjonction/adverbe de temps/interjection a été discriminé (or, ores, or*). *Dont* a été graphié *donc* quand il signifiait « en conséquence ».

Ont été alignés sur les formes et usages modernes :
– la conjonction négative *ne* > ni ;
– les flexions verbales anciennes possiblement déconcertantes (absoille> absolve ; créant> croyant ; die> dise ; doi-

vez> devez ; donrrez> donnerez ; échet> échoit ; secourira>
secourra ; véez> voyez ; vesquit> vécut ; voulsist> voulût) ;

– les mots touchés par l'évolution des sons eu/ou/o/un
(umbre, reprouche, voulenté, demourer, oblier, proufi-
table, treuver…). Les diphtongues ont été réduites
(archier, brief, congié, dangier, derechief, estrangier…) ;

– les mots qui, ayant subi des changements de prononciation, auraient peut-être été difficiles à reconnaître (aour-
née> ornée ; christien> chrétien ; deablerie> diablerie ; des-
siré> déchiré ; esclande> esclandre ; estable> stable ; féable>
fiable ; grief>grave ; ligier> léger ; mérencolie> mélancolie ;
messel> missel ; paour> peur ; prochasser> pourchasser ;
purité> pureté ; rachapter> racheter) ;

– les mots qui présentaient différents états dans les textes
(acquérir/ acquerre ; apercevoir/ aparcevoir ; chasteau/
chastel ; ensuivre/ensuyvir ; esprit/ esperit ; féminin/ féme-
nin ; grant/ grande ; larmes/ lermoyer ; nul/ nully). Le flot-
tement des formes subjonctivales des personnes 4 et 5 des
verbes du premier groupe a été réduit par l'adjonction
d'un *i* là où nous l'attendons aujourd'hui (« je veux que
vous gard*i*ez ») ;

– les mots dont le genre variait dans les textes (un/une
exemple ; un/ une garde ; un plaint/ une plainte) ;

– les mots dont le genre continue de varier dans la langue
moderne (amour, gens).

Par ailleurs, afin de faciliter l'interprétation du texte, certains mots ou préfixes ont été ajoutés entre crochets ; à l'in-
verse, des éléments qui gênent aujourd'hui la compréhen-
sion ont été mis entre accolades. Dans le même esprit, ont
été ajoutés des guillemets, des parenthèses, des tirets, des ita-
liques (pour noter des dictons).

Les notes ont été limitées à l'essentiel. Des gloses proposent des équivalents simples aux passages difficiles. De brèves explications viennent éclairer le contexte intellectuel, ou signaler les passages qui présentent manifestement des liens avec d'autres textes. Sauf exception, nous avons renoncé à proposer des références aux allusions patristiques du type « comme dit saint Ambroise… » ; dans l'état actuel des connaissances (des nôtres et de celles disponibles sur la fille de Louis XI), il est impossible de savoir à quel texte exactement elle se référait – si tant est qu'elle ait eu dans la tête autre chose que des compilations de préceptes moraux et religieux.

Enseignements à sa fille

La parfaite amour naturelle que j'ai à vous, ma fille (considérant l'état de notre pauvre fragilité et méchante vie présente – innumérables et grands dangers en ce monde transitoire sont à passer –, aussi après, reconnaissant la très brève, soudaine et hâtive mort qu'à toute heure j'attends), nonobstant mon pauvre, rude et débile* engin*, me donne courage et vouloir de vous faire, tandis que je vous suis présente, aucuns petits enseignements, avertissant votre ignorance et petite jeunesse, espérant qu'en aucun* temps en aurez souvenance, et qu'ils vous pourraient quelque peu profiter. Donc, sans vous faire nuls longs prologues, ni aussi de peu de chose[1] grands parlements* :

I

Le premier et principal point, sur tous les autres, est qu'affectueusement et de tout votre léal* et plein pouvoir, vous [vous] gardiez de faire, dire ni penser chose dont Dieu se puisse à vous courroucer, quelques tentations subtiles que le monde, la chair ni le Diable vous puissent jamais bailler*. Donc, et pour plus chastement vivre et vous mieux garder de

---

1. « ni pour aussi peu de chose ».

pécher, ayez, comme dit saint Augustin, en mémoire toujours, que, sans avoir de sûreté une seule heure, il faut que
ce méchant corps meure, qu'il pourrisse et soit mangé de
vers, et que sa pauvre âme désolée incontinent* reçoive le
guerdon* de la desserte de sa vie². Pensez parfaitement, au
secret de votre cœur, aux terribles, merveilleuses* et infinies
peines d'Enfer, et aussi aux grandes et inestimables gloires et
joies qui à jamais sont en Paradis, craignant sur toutes choses
et en grande douleur de cœur la journée tant redoutée du
Jugement général qu'incessamment attendent bons et mauvais. Et vous souvienne de saint Bernard³, qui dit que, à
toute heure, où qu'il fût, il lui semblait qu'il oyait ce terrible
son, tant fort merveilleusement* le redoutait. Las! Or pensez donc, ma fille, à ceux qui sont mondains* et usent toute
leur vie en vanités, délices et folles plaisances, comment ni
combien ils le doivent [re]douter, quand lui, qui tant était
parfait, en avait si merveilleuse* crainte!

II

Après, ma fille, pour ensuivre notre propos, en grande
humilité de cœur pensez et reconnaissez en vous qui vous
êtes et dont* vous venez; à votre pauvre et corrompable
création quant au corps, et à la très excellente et noble quant
à l'âme, laquelle, comme dit saint Thomas⁴, est créée à l'ima-

---

2. « reçoive le juste prix de la valeur de sa vie ». Allusion probable à *La Cité de Dieu*
   de saint Augustin (354-430), traduite en français à la fin du XIVᵉ siècle et présente
   dans toutes les grandes bibliothèques; les livres XIII et XIV traitaient de la condition et de la destinée de l'homme.
3. Bernard de Clairvaux, premier abbé de Cîteaux (1091-1153), alors surtout connu
   pour ses sermons, notamment ceux sur le *Cantique des Cantiques*.
4. Thomas d'Aquin, théologien dominicain italien (1225-1274), célèbre pour ses
   enseignements à l'Université de Paris et sa gigantesque *Somme théologique*.

ge et semblance de Dieu. Donc, pour la digne et nonpareille* création, et aussi pour le grand loyer que nous attendons avoir d'icelle, devrions mieux aimer, comme dit saint
Ambroise[5], mourir de mille morts (si possible était), que, de
notre franche liberté, l'abandonner une fois à pécher. Hélas,
ma fille! Nous devons donc bien penser les grands dangers,
douleurs et regrets que doivent souvent avoir ces pauvres et
méchants obstinés, examinant secrètement leurs très mauvaises et trop larges[6] consciences. Mais bienheureux sont
ceux, dit saint Bernard, à qui Dieu donne la grâce de, avant
leur mort, en avoir vraie et parfaite connaissance! Car,
comme dit le bon philosophe Boèce, cette vie transitoire est
fort brève au prix de celle qui sans fin durera[7]. Et dit derechef que ce monde n'est rien, fors* toutes déceptions*, vanités et tentations; et que bien bêtes sont ceux et celles qui, en
rien* qui y soit[8], y cuident* trouver félicité parfaite. Car,
comme il dit derechef, il n'y a si puissant, si noble ni si franc
qui n'y soit souffreteux, faible et sujet*. Et dit encore que
ceux ou celles qui y cuident* être les plus sages et qui mieux
le pensent connaître, y sont souvent les plus fols et qui s'y
abusent et dévoient [le] plus. Et dit derechef que, par folle
espérance d'y longuement vivre, ou [par] la trop grande fiance* sur la grâce divine que le Diable nous donne, y sommes
tous aveuglés des cœurs et sourds d'entendements, de faits et

---

5. Ambroise, évêque de Milan, Père et Docteur de l'Église (v. 335-397), surtout connu
   pour son célèbre *De Officiis*, ouvrage éducatif à l'usage des clercs qui servit tout au
   long du Moyen Âge à la composition de florilèges et recueils moraux.

6. « trop complaisantes ».

7. « en comparaison de celle qui… ». Le Romain Boèce (480-525) était bien connu
   des lettrés du Moyen Âge pour sa *Consolation de Philosophie*, écrite en 524.
   Christine de Pizan l'évoquait amplement dans ses traités, notamment le *Chemin de
   longue étude* et le *Livre des trois vertus*.

8. « en quelque chose que l'on y trouve ».

de courages[*9]. Ce qui se montre en plusieurs lieux si pleinement, qu'il est comme tout notoire.

III

Et pourtant[*] ma fille, ne vous y[10] fiez en rien qui soit : ni
en sens[*], force ni entendement nul[11] qu'il vous semble que
vous ayez ; mais y vivez en grande crainte[*] et toujours sur
votre garde, [de sorte] que vous n'y soyez déçue[*] ; et vous
gardez[12] d'y être oiseuse[*], et par espécial[*] d'esprit. Occupez-
le toujours en bonnes œuvres, comme de penser de cœur[13],
en grande dévotion, à la sainte et digne Passion de notre
doux Sauveur Jésus, en lui rendant grâces et le louant affectueusement. Et pour mieux vous savoir vivre et conduire en
dévotion, je vous conseille que lisiez le livret du prud'homme de Saint-Louis, celui de saint Pierre de Luxembourg, les
Sommes le roi, l'*Horloge de Sapience*[14], ou autres livres de Vies

---

9. Philosophie dit ainsi : « Car si l'argent, les honneurs ou le reste apportent réelle-
   ment quelque chose qui semble inclure tous les biens existants, j'admettrais, moi
   la première, que leur acquisition rende certaines personnes heureuses. Mais s'ils ne
   peuvent tenir leurs promesses et si plusieurs biens en sont exclus, n'est-il pas évi-
   dent que l'apparence de bonheur qu'ils donnent est trompeuse ? » (Boèce, *La
   Consolation de Philosophie*, Paris, Rivages, 1989, p. 110).

10. « y » représente toujours « ce monde-ci », par opposition à l'autre.

11. « ni aucun entendement… ».

12. « gardez-vous ».

13. « par exemple en pensant sincèrement ».

14. Le livret du prud'homme de Saint-Louis pourrait désigner un manuel (disparu) de
    Jean de Varennes, prédicateur champenois surnommé « le saint homme de Saint-
    Lié ». L'ouvrage de Pierre de Luxembourg, évêque de Metz puis cardinal (1369-
    1387) doit être la *Diète de salut*, rédigée à l'intention d'une de ses sœurs. La *Somme
    le roi, ou Livre des vices et des vertus*, avait été composée en 1279 par le dominicain
    Laurent d'Orléans, confesseur de Philippe III. L'*Horologium sapientiae* du mys-
    tique dominicain allemand Heinrich Seuse, dit Suso (1295-1366), était traduit
    depuis longtemps. La plupart de ces ouvrages avaient été imprimés à la fin du XVe
    siècle.

des saints, aussi les Dits* des philosophes et anciens sages. Lesquelles doctrines vous doivent être comme droite règle et exemple, et c'est très honnête occupation et plaisant passe-temps. En outre, touchant votre jeunesse, laquelle on ne doit aucunement laisser vague ni oiseuse*, mais la doit-on occuper et employer à toutes choses honnêtes et sans trop grandes curiosités*, [je vous conseille d'autres plaisants passe-temps] comme d'aucuns petits et gracieux ouvrages d'échecs, de tables, marelles* ou autres menus ébattements*, sans y user de trop grande subtilité ni nouvelleté; car les courages* d'aucunes s'enclinent aucunefois si fort à telles choses, qu'elles n'ont pouvoir ni entendement d'ailleurs penser[15]; qui n'est pas signe de bon sens ni fait de femme de grande façon*. Car de telles choses, on en doit user et en prendre attrempément*, c'est-à-savoir, en lieu de rien faire, y passer le temps. Car, comme dit le docteur Liénard[16], toutes femmes qui désirent avoir bon bruit* et être dites femmes de bien* doivent avoir les courages*, les vouloirs et les entendements tant grands et si hautement élevés, que toutes leurs principales œuvres doivent être de toujours acquérir vertus. Car, comme dit le Philosophe[17], c'est le plus profitable œuvre, le plus grand et noble trésor que nous puissions jamais acquérir ni avoir, tant au sauvement de l'âme comme* à la parfaite renommée du corps.

---

15. « de penser à autre chose ».
16. Léonard d'Udine, ou Léonardo Mattei di Utino, frère prêcheur dominicain de Bologne, auteur, dans la deuxième moitié du XVᵉ siècle, des *Sermones aurei de sancti*, des *Sermones quadragesimales de legibus dicti*, et des *Sermones de tempore*; plusieurs florilèges de ces ouvrages avaient paru dès les années 1470.
17. Anne de France désigne vraisemblablement ainsi Aristote, philosophe et péda-gogue grec du IVᵉ siècle, que les universitaires appelaient ainsi depuis le XIIIᵉ siècle, parce qu'il était pour eux la référence absolue en matière de philoso-phie.

IV

Et pourtant* ma fille, employez votre entendement du tout à acquérir vertus. Et faites tant que votre renommée soit digne de perpétuelle mémoire. Et quoi que vous fassiez, sur toutes riens*, soyez véritable, franche, humble, courtoise et léale* ; et croyez fermement que si petite faute ni mensonge ne pourrait être trouvée en vous, que ce ne vous fût un grand reproche. Car, comme dit le docteur Liénard en un argument qu'il fait où il parle de mensonge, c'est le pire de tous les vices, et qui plus est, puant et déshonnête à Dieu et au monde. Or donc, ma fille, si vous voulez être au nombre des femmes de bien* et avoir bon et honnête bruit*, gardez-vous bien d'y enchoir*. Et comme dit Socrate, ne ressemblez pas à ces folles musardes* qui, par leurs bêteries, cuident* être bien sages et renommées quand par leur maudite et venimeuse finesse* déçoivent* et abusent plusieurs gens ; qui est chose à Dieu détestable et au monde abominable. Et dit ledit docteur Liénard qu'onques* homme ni femme de grande façon*, ni qui eût bon sens, ne désira avoir ce bruit*. Et dit derechef que, combien que plusieurs nobles et venant de bon lieu soient au monde de cette déshonnête et méchante sorte (et qui à présent sont ceux ou celles qui d'aucuns ont la plus grande audience !), {mais} à parler franc et à la vérité, ce n'est que des fols, ou de ceux desquels on a affaire. Et soyez sûre, comme dit ledit docteur, que si en leur présence on les blandit*, en leur absence on les maudit. Finablement, comme dit saint Ambroise, quoiqu'il tarde, à la parfin* tels gens ne sont aimés de Dieu ni du monde, quelque semblant* qu'on leur fasse. Et disent les sages qu'on les doit fuir comme choses venimeuses, quelque plaisant bel accueil ni gracieux passe-temps qu'on y puisse jamais trouver, et que la fin en est trop périlleuse. Et pourtant* ma fille, gardez-vous d'eux et de leurs décevables accointances.

V

En outre ma fille, si d'aventure* la mort me prenait avant qu'eussiez quelque provision*, et que par le conseil et avis de nos seigneurs et amis advînt que fussiez mise à la Cour ou en quelqu'autre grand hôtel, quoi que vous fassiez, au moins, s'il vous est possible, mettez-vous en service de dame ou damoiselle qui soit bien renommée, non muable, et qui ait bon sens. Car, comme dit le docteur Liénard, il n'est point de si grand vice en la personne qui, par cette noble vertu de sens, ne soit corrigé, attrempé* et anéanti. Et dit un philosophe qu'onques* d'homme ni de femme qui eût parfait ni bon sens, quelque mauvaise inclination qu'ils eussent ni de quoi ils se mêlassent, ne vit ni n'ouït onques* parler, en histoire ni en livre, que la fin n'en fût honnête et bonne, et digne de mémoire[18]. Et dit un autre philosophe que bien est maudite la terre dont le seigneur est enfant[19], laquelle comparaison est entendue des fols. À ce propos, dit un autre philosophe que la plus grande fortune*, méchance* et pitié qui soit au monde est quand il faut que le sage soit en la sujétion et gouvernement du fol.

---

18. Autrement dit : que jamais il n'ouït parler d'homme ni de femme de parfait bon sens, incapable de se tirer d'un mauvais pas.
19. Adage très répandu. Chez les théoriciens de la politique (notamment Aristote), il pouvait s'entendre comme une contestation de la monarchie héréditaire (comme une prise de position en faveur de l'élection des dirigeants) ; c'est pourquoi Anne de France, ex-régente au nom de son frère mineur, rectifie immédiatement en proposant une autre interprétation du mot *enfant*.

Et pourtant* ma fille, gardez-vous, à votre pouvoir[20], d'y être sujette*. Car comme dit le docteur Liénard, souvent advient que les serviteurs ou servantes, voire aucunefois les plus parfaits, [sup]portent les charges et punitions des grandes dérisions, fautes soudaines et folles entreprises que les fols maîtres ou maîtresses font de leurs déraisonnables volontés, et sans y vouloir user de nul bon et juste conseil. Par quoi donc, on doit échever* le service de tels gens, car il n'en peut nul bien venir. Mais si d'aventure* advenait qu'il convînt y être, on s'y doit acquitter de tout son pouvoir, et leur doit-on remontrer leurs fautes et les blâmer, et non pas en manière de les oser ni vouloir reprendre ni corriger, mais par subtiles manières, en douceur et signe d'amour, comme en contant à ce propos nouveaux et gracieux contes, ou en louant autres [personnes] et donnant bruit* de cas et faits contraires, et toujours revenant à la juste et morale vérité, en eux ramentevant* tout doucement que, quand toutes opinions seraient accomplies à volonté, si* faudrait-il mourir, et que donc, puisqu'ainsi est, qu'il fait bon apprendre à bien vivre, afin que quand l'heure viendra, de bien savoir mourir ; sans leur tenir longs contes, car ce n'est pas la coutume de tels gens de volontiers ouïr parler de mourir.

VI

Et combien que le propos soit nécessaire et propice, et de quoi l'on doit le plus souvent et volontiers parler, par espécial* à ses amis, si* n'est-il pas bon de leur en trop parler, pour doute* de les ennuyer* ; ce qui ne se doit pas faire. Car, quels qu'ils soient, on leur doit complaire puisqu'on est en

---

20. « autant que vous le pouvez ».

leur service, c'est-à-savoir en choses raisonnables, et non autrement. Et dit le docteur Liénard qu'on ne doit pas faire comme beaucoup de fols adulateurs qui, pour avoir un peu d'honneur, d'audience ou de pécune*, flattent et blandissent* à tout propos, louent, accordent, controuvent*, rapportent, soit tort ou droit[21] (ne leur chaut* de quoi ni contre qui, sans rien qui soit à [ra]conter, ni à honneur ni à conscience, tant sont de bestiales et maudites conditions). Saint Paul dit que tels gens dénient la foi et sont beaucoup pires qu'Infidèles[22], et ne pourraient, selon la raisonnable loi, souffrir ni [sup]porter trop grande punition.

Pourtant* ma fille, quelque maîtrise que vous ayez, gardez-vous d'être semblable à eux en rien qui soit, croyant parfaitement que, quoi qu'il tardât, en la fin vous en repentiriez, en ce monde ou en l'autre. Car, comme dit Boèce[23], Dieu qui est parfaitement juste, quoi qu'il tarde, ne laisse rien impuni[24].

VII

Aussi, ma fille, au regard de la Cour, il n'appartient à femme jeune de soi mêler ni embesogner* de plusieurs choses; et disent les sages qu'on doit avoir yeux pour toutes choses regarder et rien voir, oreilles pour tout ouïr et rien savoir, langue pour répondre à chacun sans dire mot qui à

21. « que cela soit faux ou juste ».
22. Cf. Paul: « Si quelqu'un ne prend pas soin des siens, surtout de ceux qui vivent avec lui, il a renié la foi: il est pire qu'un infidèle. » (Nouveau Testament, *1-Timothée*, 5, 8).
23. Voir note 7.
24. Ces deux phrases étaient disposées en ouverture du chapitre suivant dans l'édition Chazaud.

nul puisse être en rien préjudiciable. Et disent derechef que
ce n'est pas grand sens de demander le plus grand bruit*, de
doute* toujours des envies, qui y sont grandes merveilleusement*. Et dit un philosophe que celui ou celle[-là] aurait
bien bon sens, qui s'en saurait garder[25]. Mais nonobstant ce,
qui [le] peut doit peine mettre de les échever*; et à cette
cause, je vous conseille pour le mieux que, après tout service accompli dû à votre maîtresse, {que} vous mettiez peine
de complaire à chacun selon son état*, et faire l'honneur qui
leur appartient, et par espécial* à ceux ou celles qui ont les
plus grandes audiences et qui sont tenus à [être] plus sages,
voire en gardant votre conscience, honneur, franchise,
loyauté, et non autrement.

VIII

En outre, soyez à chacun humble, tant au petit comme*
au grand, douce, courtoise et amiable, et en toutes choses
véritable et attrempée*. Et s'il advenait que, par envie ou
haine, aucun* parlât ou controuvât* quelque chose sur vous,
contre votre honneur ou autrement, souffrez-le patiemment,
feignant de le non croire, en complaisant toujours[26]; car,
comme dit le docteur Liénard, il n'est point de si grande ire
ni envie qui, par la vertu de douceur et d'humilité, ne soit
adoucie. Au surplus, gardez-vous, à qui que ce soit, de faire
nuls rapports; car aucunefois, plusieurs en ont fait de bien
justes et raisonnables (et à bonne intention), qui depuis en
ont été haïs et eu beaucoup à souffrir. Pourtant*, je vous
conseille, [si] ce n'est en toute douceur, que ne vous mêliez

---

25. « celui qui saurait s'en garder aurait… ».
26. « en étant toujours agréable ».

que de vous, sans rien enquerre* ni désirer à savoir du fait ni gouvernement des autres ; et si d'aventure* advenait que vous en sussiez quelque chose, gardez bien que par vous [cela] ne soit décelé, quoi qu'on vous en enquière ni fasse force de le savoir. Car, comme dit Socrate, onques* homme ni femme de grande façon* ne découvrit le secret d'autrui, au moins s'il ne touchait à trop grand préjudice de le celer[27], et par espécial* contre l'honneur de votre maître ou maîtresse ; laquelle chose, si ainsi en advenait, ne devrait par raison être celée, ains* secrètement, par manière de confession, en devriez avertir son confesseur, non autrement. Car, comme je vous ai dit dessus, tout ce qui est fait ou dit à bonne intention n'est pas toujours de chacun connu [pour tel].

IX

Aussi ma fille, touchant ces habits et atours, je suis assez contente, tant que serez jeune et en état pour les porter, que, selon la coutume du pays où vous serez et le plaisir de votre maîtresse, {que} vous les portiez. Et faites toujours tant que vous habilliez le mieux et plus nettement que pourrez. Car, au regard du monde, croyez pour vrai qu'il est malséant et fort déshonnête de voir une fille ou femme noble nicement* habillée et mal en point. Et ne peut homme ou femme de façon* être trop gent* ou trop net à mon gré, mais* que ce soit sans trop grande curiosité*, et qu'on n'y mette pas tant son cœur qu'on en laisse* à servir Dieu. Et dit le docteur Liénard que, pour échever* aucunes tentations qui à cette

---

27. Autrement dit : à moins que le fait de garder la chose secrète ne soit de trop grande conséquence.

cause pourraient survenir, {qu'}il est bon de souvent prier
Dieu. Et conseille fort, entre autres prières, dire au matin, en
soi levant, trois fois *Pater noster* et autant *Ave Maria*; la première en pensant à la douloureuse Passion de notre rédemp-
teur Jésus, la seconde en pensant à sa grande humilité de dai-
gner descendre ès abîmes d'Enfer pour, sans plus, réconforter ses amis, la tierce en pensant à la joie inestimable de sa
glorieuse mère quand elle le vit ressuscité. Ces trois pate-
nôtres profitent beaucoup à dire au matin et au soir contre
mauvaises tentations. Pourtant*, ma fille, il se fait bon
accoutumer à les dire souvent.

X

Mais, pour abréger et revenir à notre propos, touchant
habillements je vous conseille que ne les portiez pas les plus
outrageux, trop étroits ni fort chéants*. Et ne ressemblez pas
[à] aucunes, à qui il semble qu'elles sont fort gentes* quand
elles sont fort ouvertes et juste chaussées, et vêtues tant que,
par force[28] de tirer, sont souvent leurs vêtements déchirés ;
dont elles sont moquées et au doigt montrées, de ceux qui le
savent et en oient parler. Ma fille, ne soyez pas aussi de celles
qui, pour sembler plus gentes* et menues, se vêtent en hiver
si légèrement qu'elles en gèlent de froid, et en sont souvent
jaunes et décolorées, et tant que, par les secrètes froidures*
qu'elles y prennent ou pour être trop serrées, en engendrent
plusieurs graves maladies; et plusieurs sont, qui en ont
encouru la mort. Et ne faut point douter que ce ne soit un
merveilleux* péché, car on est homicide de soi-même. Et [je]
n'excuse point ignorance en ce cas, car qui n'est sage, dit le

---

28 « vêtues de telle sorte que, à force... ».

Philosophe, si* croie conseil[29] ou ensuive les faits de ceux qui le sont. Et dit le docteur Liénard que celui[-là] doit être réputé sage, qui use de telles choses attrempément* et y sait tenir la règle et le milieu, sans soi dévoyer ni faire moquer. Et doit-on faire [en sorte] que la manière soit toujours sa personne ensuivant[30], et selon son état*. Car combien qu'il soit bien-séant à chacun, si* appartient-il principalement à hommes ou à femmes nobles avoir beau port haut et honorable, douce manière bien moriginée* et assurée en toutes choses, et par espécial* à toutes femmes de façon* qui désirent avoir bon bruit*, à cause de leurs féminines et douces conditions. Lesquelles doivent être tant honteuses et craintives de méprendre, qu'elles ne doivent mouvoir corps ni membre sans besoin, et par droite ordre de douceur compassée[31], en toute raison. Et dit un philosophe, parlant à ce propos, que la plus déshonnête chose qui puisse être au monde, en espécial* aux hommes de façon*, est de voir une jeune femme issue de bon lieu volage et effrénée. Et au fait contraire, dit un autre philosophe que le plus noble et plaisant trésor qui puisse être en ce monde est de voir une femme de grande façon* belle, jeune, chaste et bien moriginée*.

XI

Et pourtant* donc, ma fille, puisque vertus et bonnes œuvres sont aussi bien louées, aimées et cher tenues en ce monde-ci comme en l'autre, vous vous devez tant plus fort

---

29. « celui qui n'est pas sage, qu'il prenne conseil ». Pour « le Philosophe », voir note 17.
30. « en fonction de la personne… ».
31. « mesurée » ; le mot *ordre* est alors féminin.

mettre en peine d'être vertueuse, afin de faire toujours tant
que votre conversation soit honnête et bonne et en toutes
choses courtoise et amiable, que vous soyez à tous plaisante
et de chacun aimée, voire d'amour dont parle le
Philosophe[32], c'est-à-savoir qu'honnêteté en soit la fonda-
tion. Car autre amour n'est que fausse diablerie et hypocri-
sie, laquelle je vous commande fuir, de toute l'autorité et
puissance que mère peut et doit avoir sur fille, c'est-à-savoir
de semblants*, regards, paroles, courages*, pensées, désirs,
volontés et puissances[33]. Car, comme dit saint Paul, de
toutes les tentations et subtiles déceptions* qui soient au
monde, c'est une des pires, et dont on voit advenir grands
maux, tant déshonnêtement en use l'on à présent[34]. Car,
comme disent plusieurs docteurs, il n'y a si homme de bien*,
tant noble soit, qui n'y use de trahison, ni à qui ce ne semble
bon bruit* d'y abuser ou tromper femmes de façon*, soit de
bonne maison ou autres, ne leur chaut* où[35]. Et dit le docteur Liénard qu'il n'y a si parfait[36] qui en ce cas use de vérité ni qui tienne promesse, tant soit forte ni grande, laquelle
chose certainement je tiens véritable. Car j'ouïs une fois
raconter à une femme noble et de grande façon* qu'elle avait
connu gentilhomme et chevalier qui, en ce même cas, de sa
franche volonté avait fait serment, en foi de noble homme,

---

32. Voir note 17.
33. Anne enjoint ici sa fille de fuir absolument les relations sensuelles hors mariage,
   dont elle estime qu'elles représentent un immense péril pour les femmes de sa
   condition.
34. Sous couvert d'avertissement intemporel (avec la référence à saint Paul), Anne de
   France entame ici une dénonciation des mœurs d'« à présent », et notamment des
   stratégies utilisées par les hommes pour faire « chuter » les femmes (voir, sur ce
   contexte, l'introduction).
35. Cf. Parlamente aux hommes du cercle des devisants de l'*Heptaméron* : « Votre plaisir gît à déshonorer les femmes… » (nouvelle 26).
36. « il n'y a pas d'homme, si parfait soit-il ».

sur l'autel et missel où tous les jours l'on chantait messe ; lequel chevalier ne tint pas son serment plus de quatre heures[37]. Et si* était[-il], à ce qu'elle me conta, bien raisonnable ; et sauf son honneur et sa conscience, n'avait excuse aucune de le rompre, sinon son lâche et failli courage* et soudaine muableté.

Par quoi, ma fille, quelques blandissements* ou grands signes d'amour que nul vous puisse montrer, ne vous y fiez en rien. Car, comme dit le docteur Liénard, les plus sages et qui y cuident* aller le droit chemin sont souvent les premiers trompés. Et dit derechef que, par la connaissance qu'ils ont de leurs léaux* et bons courages*, pensent trouver [les] autres en faits et en dits semblables[38], dont, à cette cause, souvent se trouvent déçus*. Et dit encore ledit docteur que Dieu ne veut point consentir que courages* fermes, francs et loyaux en ce cas trouvent leur semblable, de doute* que l'amour, qui doit être principalement à lui, n'y fût adjointe et attribuée[39]. Aussi, certainement, il ne faut pas douter que, si telles vertueuses conditions s'abordaient ensemble par cette manière ou autres, {que} l'amour n'y fût merveilleusement* grande et la fin bonne et honnête.

---

37. La « belle dame sans merci » analysait que les serments des hommes durent le temps de dire les mots (« fors tant comme les mots se disent », v. 348), avant d'ajouter :
    Car en tels serments [il] n'[y] a rien ferme,
    Et les chétives qui s'y fient
    En pleurent après mainte lerme [*bien des larmes*]. (v. 350-352).
38. « parce qu'eux-mêmes (les plus sages) se connaissent loyaux et courageux, ils s'imaginent que les autres sont semblables en actes et en paroles ».
39. Autrement dit, Dieu a voulu que les « parfaits » ne se rencontrent pas, parce que l'amour parfait ne doit aller qu'à lui. L'idée est à rapprocher de celle d'Aristophane dans le *Banquet* de Platon : Zeus a puni les androgynes, parce que leur bonheur était tel qu'ils pouvaient se passer des dieux, et même se moquer d'eux. Anne de France n'est pas tout à fait d'accord, d'où la rectification de la phrase suivante.

¶À ce propos, dit le docteur Liénard, en la fin d'un argument qu'il fait où il parle d'amour parfaite, que l'Ennemi[40], qui est plein de venimeuse subtilité, de sa puissance s'efforce de rompre et éloigner telle amour, pour les grands biens et honneurs qui s'en peuvent ensuivre.

Mais nonobstant, ma fille, comme je vous ai dit dessus, ne vous fiez en chasteté, force ni perfection que vous cuidiez* connaître en vous ni en autre, croyant qu'une entre mille n'en échappe pas sans être chargée* de son honneur ou déçue*, tant soit l'amour bonne ou parfaite, soit en une manière ou en autre. Donc, pour la plus grande sûreté, je vous conseille que vous vous gardiez de toutes privées et gracieuses accointances, telles qu'elles soient, car on a vu, en ce cas, plusieurs honnêtes commencements dont la fin a été depuis déshonnête et préjudiciable[41]. Et aussi, quand il en viendrait tout au mieux, si* doit l'on craindre les fols et légers jugements, qui au préjudice et charge* des dames se font souvent; car, comme dit le docteur Liénard, le monde est, en ce cas et autres, tant vil et si corrompu que bien peu

---

40. « le Diable ».
41. Cf. la *Belle Dame sans merci*:
> J'en sais tant de cas merveilleux*
> Qu'il me doit assez souvenir
> Que l'entrer en est périlleux
> Et encor plus le revenir (v. 557-540).

Marguerite de Navarre accentuera la critique dans l'*Heptaméron*. Cf. l'aveu de Saffredent: « Nous couvrons notre diable du plus bel ange que nous pouvons trouver, et sous cette couverture, avant que d'être connus, recevons beaucoup de bonnes chères*. Et peut-être tirons-nous les cœurs des dames si avant que, pensant aller droit à la vertu, quand elles connaissent le vice, elles n'ont le moyen ni le loisir de retirer leurs pieds. » (nouvelle 12). Et, en écho, l'analyse de Longarine: « tous les serviteurs que j'ai jamais eus m'ont toujours commencé leurs propos par moi, ma vie, mon honneur; mais la fin en a été par eux, désirant leur plaisir et leur gloire. Par quoi, le meilleur est de leur donner congé dès la première partie de leur sermon. » (nouvelle 14).

en est, à présent, dont cette parfaite amour soit véritablement ni au vif connue[42]. Car, comme dit un philosophe,
chose nuisible est non connaissable à ceux qui n'ont engin*
habile ni vertueux. Par quoi, on juge souvent ce qui ne fut
onques*. Pensez donc que plusieurs dames et damoiselles
ont eu beaucoup à souffrir, et aucunes en ont perdu honneurs et avantages, tant en mariage que d'autre manière, que
je vous laisse à dire pour notre conte abréger.

XII

Donc, ma fille, qui est sage doit tous tels dangers fuir et
échever*, [re]doutant les maux qui s'en peuvent ensuivre. Et,
pour vous parler de mariage, c'est une ordre tant belle et si
prisée (mais* qu'elle soit honnêtement maintenue, ainsi qu'il
appartient), qu'on ne la pourrait trop honorer ni assez louer.
Et pour y parvenir, on ne s'y peut trop employer ni soi
conduire trop sagement, ni en trop grande douceur, crainte*
et chasteté, tant en manières comme* en faits ; et ne doit-on
avoir, en ce cas, aucun choix, désir ni souhait, ni user en rien
de sa propre et seule volonté, mais s'en doit-on du tout
attendre* à la prudence, bonne grâce et ordonnance de ses
amis[43]. Et dit un philosophe que celle qui autrement en use
doit être tenue pour parfaite folle. Pourtant*, ma fille, fichez

---

42. « il y a bien peu de personnes, de nos jours, qui soient connues pour avoir éprouvé ce parfait amour ».
43. Cf. Christine de Pizan : « Si* [elle] s'en doit du tout attendre* à ses dits amis et
bien garder que rien n'en fasse sans eux ; car de se marier à sa volonté sans leur bon
consentement acquerrait trop grand blâme ; et si elle assénait à mauvaise partie [*si
elle faisait mauvais choix*] et que mal lui en prît, jamais ne serait plainte, et si* perdrait leur grâce. Si* doit penser qu'ils sauront mieux connaître ce qui lui est bon
qu'elle-même ne ferait » (*Trois vertus*, p. 90).

ces choses en votre mémoire et vous y conduisez si sagement que vous ne soyez point cause d'empêcher quelque bon heur*, s'il plaisait à Dieu, de sa grâce, le vous envoyer.

XIII

Et ne ressemblez pas à trois demoiselles, jadis filles au seigneur de Poitiers, qui lors était très noble et très puissant, lesquelles demoiselles étaient de si excellente beauté que par tout le monde était renommée d'elles ; et à cette cause, furent demandées de plusieurs en mariage, par espécial* de trois nobles et puissants princes du pays d'Allemagne et marches* d'environ qui, pour le bruit* et renommée d'elles, en étaient fort amoureux. Et secrètement, à petit état[44] et non sachant du fait ni entreprise l'un de l'autre, arrivèrent tous trois sur un même jour et à une heure à Poitiers ; et tant advint qu'ils s'assemblèrent et se dirent l'un à l'autre la cause pour quoi ils étaient là venus, c'est-à-savoir pour voir les damoiselles devant dites, car la chose était déjà bâtie : ne restait[45] sinon que la vue d'elles leur plût. Et fut le seigneur de Poitiers averti de ces nouvelles, dont il fut moult joyeux, et prestement alla vers eux et les amena en son hôtel, où ils furent par la dame et les trois filles honorablement festoyés. Advint que l'aînée s'était tant serrée et étreinte de ses habits, que le cœur lui faillit[46] ainsi qu'elle devisait à celui même qui la demandait, dont il fut moult déplaisant* de la voir en ce danger et voulut savoir la cause ; de quoi depuis il fut averti et sut que, par l'outrecuidance et folie d'elle, ce lui était

---

44. « en simple équipage (sans troupes) ».
45. Sous entendu : « plus aucune démarche à faire, sinon ».
46. « qu'elle prit un malaise, alors qu'elle... ».

advenu. Si* pensa qu'elle était en aventure* de non jamais porter enfant, et conclut en son courage* de ne la point épouser. Le second prince regardait fort le port et manière de la fille seconde, et l'aperçut* être tant volage et légère qu'il la tint pour folle, par quoi conclut aussi de jamais ne l'épouser. Le tiers prince se prit à deviser avec la fille plus jeune, laquelle il trouva fine* à merveille et parlant très hardiment, et par espécial* d'amour; qui la jugea folle et non chaste de son corps, et eût mieux aimé mourir à celle heure que de jamais l'épouser.

¶Donc ma fille, en la manière qu'avez ouï furent les trois filles déçues* et en perdirent leur bon heur* par leurs folies. Car incontinent*, les princes prirent congé et se partirent hâtivement et à peu de paroles, sinon que le plus jeune ne se put tenir de dire à la dame, mère des filles, que la bonne introduction et gracieuse conduite qu'il avait vue en ses filles lui était une bien grande gloire et digne de mémoire perpétuelle. Lesquelles paroles et reproches la dame entendit bien à quel propos elles servaient, dont elle fut tant confuse et si déplaisante* qu'elle n'eût onques* puis joie et ne vécut guère après.

Et pourtant*, ma fille, prenez-y exemple et vous gardez[47], quelque privauté où vous soyez, de faire nulles lourdes contenances, tant de branler ou virer la tête çà ni là, comme* d'avoir les yeux aigus, légers ni épars. Aussi, de beaucoup ne trop rire, quelque cause qu'il y ait, car il est très malséant, mêmement* à filles nobles, lesquelles en toutes choses doivent avoir manières plus pesantes, douces et assurées que les autres. De parler aussi beaucoup, ni avoir langage trop affi-

---

47. « gardez-vous ».

lé*, comme plusieurs folles coquardes* ont, qui cuident*
avoir bon bruit* et être de plusieurs aimées, par hardiment
et volagement parler, et répondre à chacun et à tout propos;
laquelle chose est très malséante à toutes femmes, de quelqu'état* qu'elles soient, et spécialement à jeunes pucelles,
pauvres ou riches; et s'en doivent garder[48]. Car à ce, sont-
elles souvent jugées folles et non chastes de leur corps; et dit
un philosophe qu'aux yeux et à la langue est évidemment
connue la chasteté d'une femme.

Et pour ce, ma fille, usez toujours de ces deux choses
pesantement et en crainte*, c'est-à-savoir de parler et regarder; et ne soyez jamais la première ni la dernière parlant, ni
rapporteresse de nouvelles, au moins qui soient déplaisantes
ou à aucun* préjudiciables. Soyez aussi tardive et froide en
toutes vos réponses, car sur aucuns propos, comme disent les
sages, n'y échoit point de réponse[49]. Gardez-vous aussi de
courir ni saillir, d'aucun* pincer ni bouter*[50]. Et pareillement, ne souffrez nuls quelconques attouchements sur votre
corps d'homme quel qu'il soit, serrement de mains ni mar-
chement de pieds[51]. Pour conclusion, ma fille, ne faites pas
tant que par votre méchant gouvernement vous soyez cause
de ma mort, comme les filles susdites furent cause de celle
de leur mère.

---

48. Cf. Christine de Pizan: « Prudence et Sobresse [*Sobriété*] apprendront à la dame à
avoir parler [*langage*] ordonné et sage éloquence (non pas mignote* mais rassise,
coie et assez basse, à beaux traits), sans faire mouvements des mains, du corps ni
grimaces du visage; [elles] la garder[ont] de trop rire, et non sans cause; lui défend-
dr[ont] sur toutes riens* que nullement ne médise d'autrui, ne parle en blâmant
mais en exauçant le bien, et volontiers en tienne règne [*se l'impose*]; paroles vagues
et non honnêtes ne lui souffrir[ont] à dire, et en ses joyeusetés [*plaisirs*] lui com-
mander[ont] à garder toute mesure et honnêteté… » (*Trois vertus*, p. 45).

49. « il y a des propos auxquels il n'y a rien à ajouter ».

50. « de ne pincer ni pousser aucun homme ».

51. Nous dirions aujourd'hui « faire du pied ».

XIV

Plusieurs autres enseignements, contes et questions vous pourriez faire à ce propos ; mais pour abréger notre conte, et aussi pour entrer plus avant en la matière : s'il advenait, ma fille, que par la grâce de Dieu vous fussiez mariée en quelque bon et haut lieu ou à seigneur de grande puissance, gardez-vous bien de trop vous enorgueillir ni élever par outrecui-dance, car alors serait-ce qu'en vous devrait être toute humi-lité[52]. Car, comme dit le docteur Liénard, il n'est point de si grand seigneur ni puissant prince en ce misérable monde qui ait cause de soi [en]orgueillir, s'ils connaissent parfaitement les merveilleux* dangers et grandes sujétions où ils se trou-vent incessamment, sans repos avoir, [et] aussi s'ils se veulent loyaument acquitter, tant des grandes louanges et grâces qu'ils doivent à Dieu (à cause de leurs grandes seigneuries et bénéfices[53]), comme* des pesantes charges, faits redoutables et dangereuses craintes qui à toute heure leur doivent être présentes devant les yeux.

XV

Or pensez donc, ma fille, puisqu'ainsi est, que vous, qui êtes féminine et faible créature, devez donc bien mettre peine (quelqu'heureuse fortune* que puissiez jamais avoir) à vous conduire gracieusement, en parfaite humilité, par espé-

---

52. « car ce serait alors justement le cas de vous montrer humble ». Anne de France entend ainsi rappeler à sa fille que Dieu seul – ou le hasard – fait la puissance, et que d'ailleurs il y a mieux à faire que de s'en étourdir : la puissance est à l'origine de difficultés immenses.

53. Revenus de terres laïques (seigneuries) et de terres ou charges ecclésiastiques (béné-fices).

cial* envers votre seigneur et mari, auquel après Dieu vous
devez parfaite amour et obéissance. Et ne vous y pouvez trop
fort humilier ni trop porter* d'honneur. Et le devez servir en
toutes ses nécessités, et lui être douce, privée et amiable, et
aussi à tous ses parents et amis, à chacun selon son degré.
Car en toutes choses faut tenir ordre, c'est-à-dire que vous
devez beaucoup plus d'honneur au père et à la mère de votre
mari, s'il en a, qu'à nul de ses autres parents, et plus au frère
qu'au cousin, et ainsi à chacun selon son ordre de prochai-
neté de lignage ; et leur devez faire service selon raison,
autant qu'aux vôtres. Et sachez, quelque hautaine alliance*
où vous puissiez jamais parvenir, que par une folle présomption ne devez dépriser vos ancêtres dont vous êtes descendue,
car ce serait contre droit et raison. Et selon le docteur
Liénard, ceux qui ainsi le font ressemblent à Lucifer qui, par
son orgueil, se voulut élever contre Dieu son créateur et se
comparer à lui ; lequel par son outrecuidance fut trébuché
(et plusieurs de sa bande avec lui) au puant et abominable
puits d'Enfer. Et par avant, il était au plus haut excellent et
noble lieu de Paradis ! Avisez donc, ma fille, comment nous
devons beaucoup craindre d'encourir l'ire de Dieu par ce
maudit péché d'orgueil, quand le plus beau et le plus noble
ange qui fut en Paradis en souffre éternelle punition.

XVI

Combien {qu'}à plusieurs folles, qui n'ont guère vu[54], ce
leur semble une bien grande gloire et honneur d'être assises
ès plus haut lieu que leurs propres mères ou grand-mères ! Et

---

54. Allusion au proverbe cité dans le ch. XXVIII : *avoir plus vu et retenu qu'une jeune
personne.*

au regard de leurs grand-tantes ou sœurs aînées, elles n'en tiennent rien, et moins beaucoup que de moindres d'elles d'état* et d'honneur[55], qui ne leur tiennent d'accointance ni de lignage, ni à elles ni à leurs maris ! Et ai vu depuis un an en ça, en ce cas, nobles femmes, devant leurs mères et grand-mères faire de telles coquardises*, sans leur porter* honneur ni dire seulement « ne vous déplaise », au vu de chacun ! Dont ceux qui étaient présents réputaient le cas à grande dérision. Et ceci advint en une nièce, mariée à un simple chevalier, laquelle s'avança[56] de prendre place devant une sienne [t]ante, noble et ancienne, pource qu'elle était simple damoiselle, qui peu d'occasion était[57]. Aussi en fut-elle déprisée, et de plusieurs tenue à bête. Car, comme dit le docteur Liénard, on ne peut mieux manifester sa folie que, par son orgueil, vouloir ravaler* ce dont on est descendu et que par raison on doit honorer et aimer. Combien que l'alliance* pourrait être telle et si grande qu'elles [auraient] aucunement cause d'aller devant, si d'aventure* se trouvaient en place étrange*, où il y eût aucune* plus grande d'elles, qui pour l'honneur ou noblesse de la grande alliance* fût plus contente d'aller derrière elles qu'au-dessous nulle des autres de son lignage, {mais} nonobstant ce, quand là viendrait, si* ne peuvent-elles prendre cet honneur en trop grande humilité, afin que chacun connaisse qu'à ce faire ne les contraint [ni] présomption ni léger courage*[58]. Et soyez sûre que ceux

---

55. « elles en font peu de cas, et assurément moins qu'elles ne font pour des femmes de moindre statut et rang, alors que celles-ci ne leur tiennent... ».

56. « se permit ».

57. « ce qui était un motif bien petit » ; « damoiselle » désigne un statut nobiliaire et non matrimonial.

58. Anne de France envisage le cas où des femmes ont fait un mariage si exceptionnel qu'elles doivent effectivement tenir le premier rang, et qui se trouvent, hors de chez elles (« en place étrange »), en présence de dames encore plus grandes, qui

qui ainsi en useront y acquerront une grande gloire et bonne renommée, et après en auront tant plus d'honneur. Et aussi, Dieu le dit en son évangile, que quiconque s'humiliera sera élevé et exalté[59].

Et pourtant*, ma fille, quelqu'avancement que puissiez avoir, si vous voulez honorable bruit* acquérir, gardez-vous toujours de ce présomptueux vice d'orgueil, et croyez qu'il n'est plus plaisante chose, ni de quoi on gagne autant l'amour des gens, que pour être humble, douce, et courtoise. Saint Jean Bouche d'Or[60] dit que ce sont les principales vertus que femmes de bien* doivent avoir ; et, au fait contraire, dit de ce mauvais et damnable vice d'orgueil qu'il est, entre les autres, le plus déplaisant à Dieu et au monde, et dont* à présent viennent grandes envies et maux. Et dit un philosophe qu'il ne fut onques* si sage femme (ni sera), si elle s'applique et boute* en cette erreur d'orgueil, qu'elle ne perde sa bonne renommée[61] ; et qu'à la fin ne soit tenue pour folle, si elle en use autrement que selon droit et raison. Car je ne veux pas dire que, en ce cas comme autres, ne doive [y] avoir mesure (par exprès* en noblesse, laquelle, selon les termes de raison, ne doit point être de nul autre foulée ni amoindrie). Et doivent, en ce cas ou autres semblables, toujours les plus grands avancer* les autres, sans y user de faveur ni feintise, comme plusieurs font à présent,

---

cherchent à leur complaire en s'effaçant devant elles ; malgré tout (« nonobstant ce »), elles doivent montrer qu'elles acceptent en connaissance de cause, et non par « présomption » ou « de cœur léger ».

59. Cf. Matthieu : « Quiconque s'élèvera sera abaissé, et quiconque s'abaissera sera élevé » (Nouveau Testament, *Évangile*, 23, 12).

60. Jean Chrysostome, Docteur de l'Église du IVᵉ siècle, surnommé « Bouche d'or » pour ses talents d'orateur.

61. « il n'y a jamais eu (et il n'y aura jamais) de femme, aussi sage qu'elle soit réputée, qui ne perde sa réputation si elle s'adonne et persiste… ».

qui, par leurs mauvaises avarices, font souvent de leurs pro-
chains parents ou parentes de bien étranges et basses
alliances*, et puis, par leur outrecuidance, les veulent porter
et avancer[62] devant nobles et gentilsfemmes, et souvent
[même] contre aucunes de leur lignage ; ce que, de raison,
ne se doit faire. Car nulles nobles femmes ne doivent être
reboutées* ni ravalées*, sinon de leur chef[63], à qui elles doivent honneur en ce cas, et non à autre.

Mais nonobstant, ma fille, à cause des murmures, haines
et envies, qui, pour soutenir et garder son droit, adviennent
souvent, je vous conseille que, envers les autres, de quelque
petit lieu qu'elles soient issues, vous y usiez de la plus grande courtoisie et humilité que vous pourrez, en leur portant*
partout honneur, sans les courroucer ni leur faire déplaisir
aucunement. Et s'il advenait que vous fussiez à ce faire
contrainte pour garder votre droit, faites-le si gracieusement
et par si douce manière, que nul des regardants n'ait cause
d'en faire malgracieux jugement. Car, comme dit un philosophe, pour l'outrecuidance d'une simple femme, ne se doit
noble courage* muer. Et dit un autre philosophe que gen-
tillesse* de lignage, sans noblesse de courage*, doit être com-
parée à l'arbre sec auquel n'a verdeur ni fruit, ou au bois qui,
au feu, bruit[64] sans ardoir*.

XVII

Par lesquelles choses devez véritablement savoir que
noblesse, tant soit grande, ne vaut rien, si elle n'est ornée de
vertus. Par quoi donc, ma fille, si vous avez courage* de gen-

---

62. « soutenir et promouvoir ».
63. « de leur supérieur ».
64. « craque ».

tilfemme, et que désirez avoir bon et honorable bruit*, si*
vous montrez[65] en toutes choses vertueuse et prudente, et
vous gardez bien d'être surprise en ce, quelque rudesse qu'on
vous puisse faire. Et croyez que ceux et celles qui, en ce cas,
se cuident* avancer, se reculent, et font souvent publiquement ramentevoir*, de leurs honneurs, états* ou lignage, ce
que par avant n'avait onques* été su, et ce de quoi, aucunefois, ont depuis moins d'honneur[66]. Et, au fait contraire, les
nobles et bonnes femmes, par leurs vertueuses patiences,
humilités et grandes constances, sont exaucées, prisées et
honorées de chacun, en espécial* des sages. Car, combien
qu'aucuns seigneurs, dames ou demoiselles, veulent souvent
avancer et porter[67] non nobles contre nobles, nonobstant ce,
si* ne peut noblesse être défaite ni effacée, où qu'elle soit. Et
dit le docteur Liénard qu'il ne vint onques* de bon ni franc
courage* [le désir] de, contre raison, la vouloir fouler et
mettre bas.

Et s'il advenait, ma fille, que vous eussiez hôtel ou plusieurs gens[68], gardez-vous d'y user de faveur ni feintise, mais
vous montrez à tous léale*, constante et véritable, en gardant
à chacun son bon droit, et en leur donnant bon conseil, à
votre pouvoir[69], s'ils le vous requièrent. Et, si vous voyez
aucune* dame ou demoiselle, ou autre honnête femme de
vos voisines, déplaisantes* ou mélancolieuses, mettez dili-
gence de les en ôter, tant par douces paroles que par leur
ramener à mémoire les tribulations et grands martyres des

---

65. « montrez-vous ».
66. « et même parfois ce qui leur a valu une moindre estime ».
67. « soutenir et promouvoir ».
68. « ou une grande domesticité ».
69. « autant que vous le pouvez ».

amis de Dieu[70] ; après aussi, leur remontrer les grands biens que nous acquérons pour avoir patience en nos adversités. Car c'est une œuvre bien méritoire et bien plaisante à Dieu, et où l'on acquiert bonne renommée, et dit le docteur Liénard que c'est un des plus parfaits signes à quoi une femme se montre plus vertueuse. Et pourtant*, ne vous y feignez* pas.

XVIII

En outre aussi, ma fille, en leurs gésines*, fortunes*, maladies, vous les devez visiter, et envoyer de votre hôtel quelque chose de nouveau, si vous l'avez, que vous pensez que leur soit nécessaire ou plaisant, au moins à celles de votre connaissance (et par espécial* à vos parentes) ou de votre mari ; car à icelles êtes-vous plus tenue qu'aux autres, soient pauvres ou riches, mais* qu'elles soient d'honnête gouvernement. Combien qu'à présent, plusieurs seigneurs, dames et demoiselles ne tiennent compte de leurs parents de plus simple état* qu'ils ne sont, [sup]posé qu'ils soient sages et bien renommés, et sans leur porter préjudice[71] ! Et y en a de si outrecuidés et présomptueux qu'ils dénieraient[72] volontiers, s'ils pouvaient ! Et s'en mettent en peine, partout où ils en oient parler, tant de faire semblant d'en rien savoir comme* de parler d'autre propos, quand on leur demande de quel côté[73] ; qui est contre raison, et leur meut d'un mau-

---

70. Les bons chrétiens.
71. « alors même que, à condition qu'ils aient bonne renommée, ils pourraient le faire sans que cela ne leur porte préjudice ».
72. « qu'ils les renieraient ».
73. « quand on leur demande leur degré de parenté (avec eux) ».

vais et damné courage*[74]. Et ne faut point douter que ceux
qui le font n'en doivent recevoir punition, en ce monde ou
en l'autre, comme d'un mauvais péché. Et tels gens ressemblent aux Infidèles, lesquels dénient notre foi[75], et avec
faillent[76] leur propre sang et lignage, lequel ils sont tenus
aimer, avancer, et honorer sur tous autres, et jusques à la dernière goutte. Et dit un philosophe, parlant à ce propos,
qu'onques* homme ni femme, ayant bon sens, n'eut la tête
enflée de cette folie d'orgueil.

Par quoi, ma fille, fuyez-la sur toutes riens*, pensant toujours à la parfaite vérité, laquelle nous donne vraie connaissance de ce décevable* monde qui est, à dire vrai, un rien.
Saint Jean Chrysostome[77] dit que bienheureux sont ceux à
qui Dieu donne la grâce de bien mettre à effet* cette vraie
connaissance. Et pourtant*, ma fille, employez-y votre
entendement, et faites tant que vous soyez aimée de Dieu et
du monde. Laquelle souveraine grâce, pour aller le droit chemin, vous acquerrez. Après, ma fille, pour acquérir la grâce
du monde et avoir bonne renommée, soyez toujours véritable, et en tous vos faits humble, ferme, gracieuse, et de
douce conversation, principalement à la messe ; laquelle
devez ouïr en grande dévotion et toujours à genoux, si possible est, en ayant les yeux ententifs envers le prêtre à l'autel
ou en votre livre, sans regarder ailleurs durant la messe.
Pareillement, ne faites de vos mains comme font aucunes

---

74 « cela leur vient d'un cœur mauvais ».

75. « lesquels » ne renvoie pas à « Infidèles », mais à « tels gens », d'où « notre foi ».
   Allusion à saint Paul : « Si quelqu'un ne prend pas soin des siens, surtout de ceux
   qui vivent avec lui, il a renié la foi : il est pire qu'un Infidèle. » (Nouveau
   Testament, *1-Timothée*, 5, 8).

76. « trahissent ».

77. Sur Chrysostome, voir note 60.

jeunes filles, qui par folle accoutumance ont toujours sans cause la main au nez ou à la bouche, aux yeux ou aux oreilles ; qui est très malséant, mêmement* à nobles femmes, qui volontiers sont plus regardées que les autres. Par quoi, elles s'en doivent trop mieux garder. Car, en toutes choses, elles sont et doivent être le miroir*, patron* et exemple des autres[78]. Un philosophe dit à ce propos qu'il n'est sur noble femme point de si petite faute, qui à tous gens de bien* ne soit très déplaisante à voir.

Pour lesquelles causes (et plusieurs autres évidentes raisons qui seraient trop prolixes), ma fille, faites toujours tant que nul n'ait cause d'y prendre mauvais exemple, ni aussi vous donner esclandre autre que bon ; et mettez peine de complaire à chacun. Ainsi, nul n'aura cause de vous haïr. Aussi, parlez humblement, autant au petit qu'au grand, et recevez à aussi grande chère* les petits dons et présents, si les vous font[79], pensant qu'autant êtes-vous tenue à eux, selon leurs pauvres puissances, qu'aux autres de plus grands dons ; par quoi, ne vous devez feindre* à les récompenser et humblement remercier, doucement et pleinement, sans nulles mignotises* ni préciosités, car après, on s'en pourrait moquer et dire que ce serait fierté et non savance* – et serait tout le guerdon* que vous en auriez. Et aussi, trop grandes mignotises* ne furent onques* bienséantes à femmes, en espécial* aux mariées, lesquelles, en raison, doivent avoir

---

78. Cf. Christine de Pizan : « ... il est de nécessité que ceux et celles, tant femmes comme* hommes, que Dieu a établis ès hauts sièges de puissance et domination soient mieux morigénés* qu'autres gens, afin que la réputation d'eux en soit plus vénérable et qu'ils puissent être à leurs sujets et à ceux qui les fréquentent et hantent* si* comme* miroir* et exemple de toutes bonnes mœurs... » (*Trois Vertus*, p. 9).

79. « s'ils vous en font ».

plus d'audience et de franchise en toutes choses que les autres, soit en parler ou autrement; combien* que, par trop parler, plusieurs femmes soient [décriées], pource que leur parler est effréné ou déshonnête, préjudiciable ou hors de saison. Et ne doivent telles femmes être [re]nommées entre nobles femmes de façon*, mais doit-on fuir leur compagnie comme venin! Car, comme dit Caton[80], la première vertu de la personne est refraindre* sa langue.

Aussi n'est-il pas beau à femme de façon* être morne ni trop peu enlangagée[81]. Car, comme dit Ovide[82], telles femmes, quelqu'autre perfection qu'elles aient, ressemblent à idoles et images peintes, et ne servent en ce monde que d'y faire ombre, nombre et encombre. Et, pour ce, ma fille, mettez peine de parler doucement, et gracieusement répondre, et deviser de propos honnêtes et plaisants, et à chacun agréables, selon leur état*, comme, à gens de dévotion, parler de moralités et choses profitables à l'âme; à gens sages, parler modérément de propos honorables; à jeunes gens et joyeux, parfois, pour ôter mélancolie et passer temps, on s'y peut deviser en contant quelque gracieux conte nouveau, ou quelques plaisants mots dont on ait cause de rire et s'éjouir; aux ménagers[83], deviser du gouvernement de la maison.

Vous devez aussi honorer étrangers, s'ils vous viennent voir en votre hôtel, ou ailleurs si vous les y trouvez. Et les devez premier* entretenir que nuls autres, et deviser avec

---

80. Caton dit l'Ancien ou le Censeur (234-149).
81. Anne de France rectifie ce qu'elle vient de dire: si les femmes nobles ne doivent pas parler à tort et à travers, elles ne doivent pas non plus être malhabiles en paroles, ou muettes.
82. Ovide (43-18) est alors surtout connu à travers ses traités sur l'amour.
83. Le mot désigne ici des personnes s'occupant de gérer leur maison, ou celle d'autrui (intendant, fermier).

eux, tant en leur demandant des coutumes, ordonnances et habillements de leur pays, comme* en leur racontant de l'état des seigneurs et dames de par deçà, en les louant ; et, touchant leurs propos, tant en vos demandes qu'en vos réponses, leur devez complaire.

Aussi, ma fille, vous devez, en allant de lieu en autre, quelque part que ce soit, saluer les simples gens et menu peuple gracieusement, en inclinant la tête envers eux, afin qu'ils n'aient occasion de mal penser sur vous ; car si vous voulez partout avoir bon bruit*, il vous faut complaire autant aux petits qu'aux grands ; car de tels gens vient la renommée et aussi l'esclandre. Et pour ce, se fait-il bon tenir en leur amour, laquelle on ne peut mieux acquérir que par humilité, et gracieusement deviser avec eux de leurs maris, femmes, enfants et ménage, en les réconfortant en leur pauvreté, et admonestant d'avoir patience. Car à ceux qui le font, ce sont œuvres charitables, et y acquiert l'on la grâce de Dieu et du monde. Et pourtant* on n'y doit pas plaindre sa peine, ni épargner son langage, qui en ce cas est bien propice et profitable.

Donc, ma fille, puisque bon langage est aimé et prisé d'un chacun, gardez-vous d'être morne, triste ni pensive ; et ne soyez pas de celles qui, par fierté ou dédain, ne daignent parler aux gens, ni de celles qui parlent si très bas qu'à peine les peut-on ouïr, et semble que la parole leur coûte bien cher, ou que ce leur soit grande peine que de parler, qui est bien sotte manière ! Car la plus noble chose que Dieu ait mise en créature, c'est la parole, et [ce] dont il est le plus marri, [c'est] quand on en use mal, tant en trop parler comme* peu. Car l'un et l'autre est malséant, en espécial* quand on le fait à ceux qu'on doit craindre, aimer et obéir, comme père, mère ou ancêtres, ou autres plus grands seigneurs et dames. Pourtant*, ma fille, quand votre naturelle condition serait de peu parler, si* vous conviendrait-il mettre votre effort de courtoisement parler et répondre à ceux desquels vous seriez en gouvernement[84]. Et, où que vous soyez alliée*, bien ou mal, haut ou bas, faites toujours tant que vous acquériez l'amour de Dieu et la bonne grâce du monde ; ni, pour quelconque étrange* ou malplaisante alliance* où vous puissiez être, ne vous en mélancoliez ni déconfortez*, ains* devez louer Dieu, et croire qu'il est tout juste, et que jamais ne fait rien qui ne soit raisonnable. Donc, ma fille, s'il adve-nait qu'y fussiez fortunée[85] et qu'y eussiez beaucoup à souf-frir, ayez parfaite patience, en vous attendant* du tout à la volonté et bon plaisir du Créateur.

Aussi, pour quelque signe, semblant* ou occasion que puissiez jamais connaître à l'œil, ni pour rapports ou autre-ment[86], si voulez vivre en paix de conscience, gardez-vous de vous bouter* ès lacs* de jalousie. Car, [sup]posé qu'il y eût cause évidente et notoire à chacun, si* le devez-vous [sup]porter patiemment, feignant de n'en rien savoir, tant pour l'amour de Dieu que pour l'honneur de son mari, sans soi en mélancolier[87], mais en rendre grâces à Dieu, et le louer en lui priant, de bon cœur qu'il lui plaise l'ôter de cette folie, et avoir pitié de son âme.

Et afin, ma fille, qu'en plus grande ardeur de cœur ayez plus parfaite cause de toujours le regracier* en vos adversités, considérez soigneusement la cause de votre naissance, la

---

84. « ceux dont vous dépendriez ».
85. « le jouet de la fortune » ; « y » représente le mariage.
86. « soit que vous en soyez le témoin, soit qu'on vous rapporte la chose… » ; Anne évoque ici, à mots couverts, les infidélités possibles de l'époux.
87. « de *votre* mari, sans *vous* en mélancolier ».

sûreté de votre vie, et la fin de toutes plaisances et voluptés.
Car qui bien pensera ces trois choses, il aura plus cause de
désirer l'âpre fortune* que la douce ; car, de tant qu'au commencement, la fortune* est âpre et dure, de tant est, à la fin,
plus douce ; et aussi est-elle au contraire, mais toujours il
faut avoir bonne patience. À ce propos, dit Boèce[88] qu'en ce
monde, n'a point de si grand mal qu'aucun* bien n'en vienne, et que, de délices mondaines*, la fin en est damnable ; et
dit encore que Dieu, qui est souverainement bon, souffre la
persécution de ses amis[89] par plusieurs raisons : premièrement, pour mieux leurs patiences éprouver, afin qu'ils aient
tant plus de gloire ; secondement, pour les purifier et faire
semblables aux martyrs ; tiercement, pour les retirer de mauvais désirs et mondaines* volontés, en leur donnant connaissance de son excellente majesté et de sa douloureuse Passion.
Par quoi, si nous avions bon et parfait sens, nous désirerions
avoir, en ce monde, tribulations plus qu'autres choses ; car
tribulations et adversités sont la voie de Paradis, mais* qu'on
y ait patience.

XIX

Donc, ma fille, pour cette grande joie et haute gloire de
Paradis acquérir, regraciez* et louez Dieu de bon cœur en
toutes vos adversités, croyant qu'en pourriez avoir beaucoup
plus s'il lui plaisait, et comme ont plusieurs autres,
meilleures et plus parfaites que vous n'êtes. Par quoi, vous
n'auriez excusation d'en être plus rebelle à personne, par
exprès* à votre mari, ni en rien vous y moins employer, ains*

---

88. Voir note 7.
89. Voir note 70.

lui mieux complaire et obéir, afin que ne fussiez cause de sa folie, et que Dieu, ni aussi le monde, ne vous en sussent que demander. Et semblablement, devriez mettre peine plus qu'onques* mais[90] d'acquérir l'amour de ses seigneurs et amis, tant pour échever* les mauvais jugements (qui, à cause du déshonnête gouvernement des fols maris, sans cause se font sur les femmes souvent), comme* pour plus fort complaire à votre mari, pour le retraire[91] et acquérir son amour, et [celle] de ses amis. Laquelle vous pouvez desservir* en vous conduisant sagement et chastement, tant en faits comme* en dits. Car la femme n'est pas chaste pour soi garder du fait, sans plus[92].

Aussi, en leur tenant compagnie, si* demeurez avec eux, [vous] accordant à leurs plaisirs, en festoyant ceux et celles que penserez qui leur seront agréables, en usant de conseil en vos affaires, sans rien faire de votre tête ; car, à outrecuidées femmes, semble honte et déshonneur de demander conseil et en user. Et ne soyez pas de celles folles [qui], quand ceux qui les doivent reprendre et conseiller leur disent ou remontrent quelque chose pour leur bien et honneur, {elles} le prennent très mal en gré et n'en tiennent compte, mais font souvent le rebours ou beaucoup pis. Et en y a d'aucunes tant bestiales, qu'elles useraient plutôt du conseil des servants ou de quelque voisin aposté, que du plus honorable conseil qui soit. Et, comme dit un philosophe, qui laisse le conseil de ses amis, il croit de léger[93] celui de ses ennemis, dont souvent lui

---

90. « plus que jamais ».
91. « pour l'attirer à vous ».
92. Autrement dit : la chasteté n'est pas une fin en soi ; Anne de France invite sa fille à comprendre qu'il y a d'autres enjeux que personnels dans son attitude.
93. « facilement ».

méchet* ; et après s'en repent, mais c'est trop tard. Et dit ce même philosophe : qui s'éloigne de ses amis, il perd et exile son bien et son honneur.

Pour ce, ma fille, tenez-vous toujours près d'eux, usant de leur bon conseil, et en les servant, à votre pouvoir[94], en leurs affaires et nécessités. Et quand ils seraient d'étranges* et merveilleuses* conditions, si* ne devriez-vous pourtant laisser* à faire toujours votre devoir, et gracieusement les supporter* en celant leurs fautes ; car vous ne les pourriez si peu charger*, que ce ne fût grave charge à l'âme, et grand déshonneur ; car, selon un philosophe, celui[-là] pèche mortellement, qui découvre ce qu'il doit celer. Par quoi on s'en doit garder, car nul bien n'en peut venir.

XX

Au surplus, ma fille, gardez-vous d'être oiseuse* et en gardez vos femmes. Car oisiveté est fille du Diable, laquelle mène dames à perdition. Elle n'engendre pas seulement le péché de la chair, ains* tous les vices. Par quoi, on la doit fuir de tout son pouvoir, et en préserver ses serviteurs, en espécial* les femmes, lesquelles on doit toujours tenir en crainte et sujétion, ou autrement elles ne feraient qu'à leur plaisir, sans rien tenir de leur maîtresse[95] – qui serait grand blâme à elle ; et est à toutes femmes de façon* grand déshonneur de le souffrir. Car, sous ombre* de cette souffrance[96], souvent se font faux jugements, et principalement sur la maîtresse,

---

94. « autant que vous le pouvez ».
95. « sans obéir à leur maîtresse ».
96. « licence » (cf. « souffrir », dans la phrase précédente : supporter).

comme de penser que, s'il n'y eût quelque chose secrète[97] en la maîtresse, les femmes ne l'oseraient faire ni penser. Par quoi, on ne leur en doit rien souffrir. Aussi ne leur doit[-on] pas être trop rude ni rebelle, ni de peu les tancer[98], car c'est fait de folles femmes.

XXI

Et pourtant* ma fille, si les vôtres ne font ainsi qu'il appartient, remontrez-leur doucement leurs fautes, à peu de langage, car, selon le proverbe, *en peu de paroles gît souvent grande substance*, et *à bons entendeurs, courtes paroles*. Et encore moins à ceux qui sont obstinés en leurs perverses et maudites opinions, et sont incorrigibles. Par quoi, on perdrait temps de les cuider* châtier, et n'y a remède, sinon leur donner congé et s'en dépêcher* soudain. Car c'est folie de tenir tels gens, aussi gens trop affilés*, rapporteurs, rioteux* ni menteurs, pour le danger qui s'en peut ensuivre. Car souvent, tout ce retourne au préjudice du maître et de la maîtresse; si* ne s'y doit-on trop fier. Et si de tels gens vous advenait avoir, dépêchez*-vous en gracieusement.

Aussi devez-vous tenir toujours votre hôtel net et honorable, sans souffrir n'y avoir serviteurs diffamés ni de méchant gouvernement[99], ni qui soient de leur honneur chargés*, et mêmement* des femmes, sur lesquelles ayez en ce cas toujours l'œil; car vous ne leur devez aucunement

---

97. « quelque défaut caché ». Cf. Christine de Pizan : « si les femmes n'étaient de belle ordonnance, aucuns pourraient supposer que non fut la maîtresse, laquelle chose pourrait être désaccroissement de l'honneur d'elle. » (*Trois Vertus*, p. 91).

98. « réprimander pour pas grand-chose ».

99. « qui se gouvernent mal ».

souffrir être moqueresses ni médisantes, mais sujettes*, craintives, en ordonnance et règle, chacune selon son état*, ainsi qu'il appartient en bon hôtel. Et toujours leur donnez bon exemple, pour votre honneur et leur profit.

XXII

En après, ma fille, pour acquérir haut et honorable bruit* tel que gentilsfemmes doivent avoir, et afin que personne n'ait jamais cause de vous haïr, gardez-vous principalement de ce maudit péché d'envie, lequel plusieurs folles par leurs mauvais courages* ont sur chacun[100], et par espécial* sur les plus parfaites et femmes de façon*. Et ne peuvent ces envieuses, tant sont outrecuidées, ouïr louer ni priser les bonnes et parfaites ; et de tant plus qu'elles ont beauté ou savoir en elles, ces envieuses en ont plus de mal en la cervelle, et le cœur plus fort enflé ; et quand on loue et prise les femmes vertueuses, d'envie et dépit qu'elles en ont, publiquement en disent mal. Il y en a d'aucunes tant envenimées d'envie que, pour les biens qu'elles voient aux autres, soient leurs parentes ou non, elles les prennent en haine par telle façon qu'elles les ravalent* partout où elles se trouvent ; qui déplaît fort à Dieu. Et, ainsi que dit saint Jean Bouche d'Or[101], telles femmes doivent être mises au nombre de ceux qui par envie trahirent et crucifièrent Jésus. Car, par leur damnée envie, elles trahissent et mettent à mort en leur courage* félon ceux que, selon Dieu, elles sont tenues d'aimer (aussi leur honneur et profit). Car on ne peut faire en ce monde plus grande trahison que, secrètement, par envie,

---

100. « exercent envers chacun ».
101. voir note 60.

diffamer autrui et le déshonorer. Et est la condition et nature d'un envieux telle, que s'il ne se peut venger à son gré de celui sur qui il a envie, {qu'}il voudrait être mort ; ou l'avoir tué et qu'il en fût vengé à son gré, mais que du fait on n'en eût connaissance. Car tels gens n'usent que de coups couverts et en feinte, et en leur malice prennent subtils moyens. Et pour eux venger, se découvrent à simples gens afin qu'ils ne puissent connaître leur machination, et à iceux disent et controuvent* merveilles*, contre le bien et l'honneur de ceux sur qui sont envieux. Et les simples gens le croient, et comme chose vraie le publient[102] et certifient être vrai, dont* souvent advient que plusieurs sont chargés* de leur honneur, et sans cause, et tout par envie.

Pourtant*, ma fille, gardez-vous bien d'en être surprise. Et pareillement, ne le souffrez à nulle de vos femmes, car c'est le péché qui plus donne occasion de médire sur chacun, qui est une faute nonpareille*, car il n'y a si bonne maison de prince ni seigneur, si envie s'y boute* une fois, qui doive être dite bonne ni honorable. Par quoi, surtout, fuyez l'accointance d'envieux. Car si le commencement en est gracieux, la fin en sera déshonnête et mauvaise.

XXIII

Au surplus, ma fille, gardez-vous d'être moqueresse de personne, et ne le souffrez être à vos femmes, car c'est chose déshonnête et signe de pauvre entendement. Or, advient souvent que ceux de qui on se moque sont meilleurs et plus vertueux que ceux qui s'en moquent. Et ne se doit un noble

---

102. « le font savoir ».

cœur souiller de si méchante tache, mais doit-on regarder et examiner l'état de sa vie devant que se jouer à farcer[103]. Aussi doit-on regarder s'il y a que[104] redire en ses parents, devant que d'autrui se moquer. Car par autrui on se doit châtier ; et n'aura ja[mais] personne cause de soi moquer de nul, mais* qu'il ait bien considéré l'état d'autrui et le sien.

Et sachez, ma fille, que les plus parfaits et vertueux sont ceux qui plus se doivent garder de faillir, et doivent excuser la simplesse des ignorants. Car en savoir, tous ne peuvent être égaux, ou par faute d'entendement, ou [par faute] d'avoir vu et appris. Ainsi, ma fille, si vous avez savoir, louez Dieu, et bénignement* corrigez les fautes de vos sujets, sans moquer. Car on dit qu'*à la fin, les moqueurs sont moqués*. Et si aucun* veut dire que c'est sa nature que de se moquer, il montre qu'il est naturel fol ; et si le fait par accoutumance, il montre que jamais ne hanta* que méchantes gens. Autre chose serait [celui] qui le ferait par jeunesse et sans mal penser ; mais il doit être réputé à folie, quand il porte préjudice à autrui. Pourtant*, ma fille, gardez-vous en, et ceux de votre hôtel, car c'est œuvre de méchantes gens. Et si vous aviez quelque serviteur qui en ce ne vous voulût obéir, si* lui donnez congé bientôt, car il n'en faut qu'un pour gâter tous les autres.

Par quoi ne leur devez souffrir, ains* gouvernez-vous y sagement et secrètement, afin qu'ils n'aient cause de rébellion et de vous moins obéir ; afin aussi de mieux vous montrer leur maîtresse, tant en port, manières, semblants*, qu'en atours, robes et autres habillements. Lesquels habillements vous devez toujours avoir meilleurs et plus riches que nulle

---

103. « avant de se moquer de quelqu'un, il faut être sûr qu'on n'a rien à se reprocher ».
104. « s'il y a quelque chose à ».

de vos femmes, et en rien ne vous en doivent ressembler ; et c'est mal fait à celles qui le souffrent, car les superflus habits ne sont pas à louer. Car en toutes choses, le moyen est vertueux. Pour ce, je vous conseille le tenir, quelqu'abondance de biens ni d'honneurs que jamais vous ayez, afin que, par orgueil, vous ne courrouciez Dieu. Et vous tenez[105] à la coutume du pays, et au plaisir de votre mari, sans grande mignotise* ni curiosité*, honnêtement toujours ; et vos femmes en point[106] selon leur état*, en sujétion, crainte, humilité et douceur, sans leur souffrir faire chose qu'il ne soit honnête.

¶Aussi les devez induire à dévotion, et que, pour chose qui advienne, {qu'}elles ne laissent* à servir Dieu, à ouïr messe chacun jour, dire leurs heures[107] et autres dévotions, prier pour les trépassés, soi confesser souvent, faire aumônes. Et pour les consoler et ébattre* leur jeunesse, aussi pour mieux les entretenir en votre amour, vous les pouvez laisser aucunefois ébattre*, chanter, danser et gracieusement jouer en toute honnêteté, sans tâteries, bouteries* ni noises. Et vous, pour passer mélancolie, vous pouvez jouer et gracieusement deviser avec elles, sans trop grande familiarité ni trop privément parler, car en ce y a grand danger, pource qu'aucunefois on parle contre soi-même, dont, après, on se repent. Car, comme dit le Philosophe[108] : qui tient son secret couvert, il le tient en prison, et sitôt qu'on l'a dit, on est en la sienne.

Et croyez qu'il n'est en ce monde point de si parfait ami que, si vous lui découvrez votre secret, {qu'}il ne lui soit avis

---

105. « tenez-vous en ».
106. « en (bon) point », autrement dit bien correctes.
107. « leurs prières ».
108. Sans doute à nouveau Aristote (voir note 17).

après que ne soyez tenue de lui complaire[109] plus beaucoup que par avant ; et cuident* aucuns, quand on s'est fié en eux, qu'on ne les oserait courroucer ni rien faire sans leur conseil. Et s'il advenait que, alors, l'accointance rompît, ils prendraient la personne qui se serait fiée en eux en telle haine, qu'ils révéleraient publiquement le secret qu'on leur aurait dit, et, par dépit, diraient le pis qu'ils pourraient, et ne leur suffirait d'en dire ce {qu'}ils en savent. Et est le monde aujourd'hui, en cette qualité, tout corrompu, et tant qu'on ne sait en qui se fier. Combien que cœur noble ne doit être de si vile condition, nonobstant qu'il semble aujourd'hui à plusieurs nobles (de lignage, non de courage*) être belle chose (et nous le voyons par expérience) de pouvoir dire et révéler quelque secret au conseil* d'autrui[110] ! Et à ce faire prennent plaisir ! Et en cuident* acquérir bruit*, mêmement* quand c'est le secret de gens de bien*, et en cuident* être tenus à sages[111], que de savoir le conseil* de grandes gens !

Pour ce, ma fille, avisez bien à qui vous vous fierez, et à nul ne découvrez la chose que devez celer ; car ores* est amour parfaite et entière éteinte et effacée, et entre mille, à peine en y a un, qui d'amour entière fasse service à autrui, sinon en intention de pratique[112], en quelque manière que ce soit. Et pourtant*, ma fille, celez ce qui peut toucher votre honneur. Et si c'était chose qui vous grevât le cœur pour le celer[113], et qui vous semblât qu'il serait meilleur à le dire et

---

109. « il ne s'imagine ensuite que vous devez lui complaire… ».
110. « révéler le secret d'une personne à une autre ».
111. « ils s'imaginent qu'on les tient pour sages », c'est-à-dire, dans ce contexte, importants.
112. « sinon pour le manipuler ».
113. « chose que vous n'ayez pas le courage de cacher ».

en demander conseil, avisez bien à qui, ni comment vous vous découvrerez ; et que ce soit à aucuns du lignage de votre mari ou du vôtre, qui soient gens de bien*, car ils auront plus cause de le celer qu'autres gens. Mais aussi, ma fille, quelque lignage qui y soit, et combien qu'ils soient tenus de le celer, si* les devez-vous chèrement entretenir et leur complaire, et ne leur faire aucune rudesse ni montrer signe de défiance, car c'est la cause principale pourquoi plusieurs découvrent les secrets d'autrui. Et si d'aventure* il y avait cause pour soi éloigner d'eux et défier, si* le doit-on faire si gracieusement qu'eux ni autres ne s'en aperçoivent, de peur que la cause n'y fût plus grande[114]. Par quoi, vous pouvez clairement voir que vous ne vous y pouvez gouverner trop sagement en douceur et crainte*.

Aussi ne pouvez-vous [mieux] faire, quand aucun* vous fait cet honneur de soi fier en vous de quelque grande chose. Car c'est signe de parfaite amour, et n'en peut-on montrer de plus grande. Par quoi, vous y devez employer de tout votre pouvoir à les conforter et loyaument conseiller, en les celant et excusant de cette matière, contre tous. Car en votre présence, vous ne devez souffrir charger* autrui, si vous êtes la plus grande de la compagnie ; et quand vous seriez la moindre, si* devez-vous excuser et parler d'autre matière joyeuse. Pourtant*, ma fille, vous êtes plus fort tenue à excuser ceux qui se seraient fiés en vous que les autres ; combien* que telles amours et fiances* sont fort dangereuses et craintives*, et n'y doit-on guère avoir de sûreté, pour la muable condition du monde. Par quoi, qui est sage, il ne doit désirer savoir le conseil* d'autrui, mais doit-on craindre à le

---

114. « de peur d'agrandir encore le danger qui vous a poussée à vous éloigner d'eux ».

savoir. Néanmoins, quand on le sait, on s'en doit acquitter loyaument, croyant que la faute des mauvais ne sert que d'exemple aux bons de s'en garder.

XXIV

Au surplus, ma fille, afin toujours de bien en mieux persévérer en l'amour de chacun, soyez toujours humble et gracieuse, et par exprès* à ceux qui viendront devers vous, en les entretenant doucement, sans tenir manière hautaine ni étrange, comme font aucunes femmes, qui pour leurs fières manières {res}semblent être princesses envers celles qui les vont voir, et n'en daignent, au venir d'elles ni au congé*, démarcher un seul pas[115]; et si* sont aucunefois plus nobles et vertueuses celles qui viennent voir que celles qui reçoivent! Par quoi, souvent se font moquer, et d'elles s'éloignent gens de bien*. Pour ce, ma fille, soyez toujours prête à faire honneur à chacun en votre hôtel, par espécial* aux nobles et femmes de façon*, et n'y plaignez pas votre peine – sans abaisser noblesse, car qui la met bas, il montre qu'il a lâche courage*.

Aussi, croyez que grand savoir ne fut onques* sans vertu, à laquelle gît noblesse, car premier* elle y fut trouvée. Par quoi, on ne peut les savants trop honorer, pour les vertus qu'ils ont. Et si vous leur faites plaisir, ils le vous rendront au double, en honneur ou en renommée, qu'ils vous donneront partout où ils se trouveront; et à tels gens fait-il bon tenir doux termes, et ne faire pas comme font

---

115. « faire un pas en leur direction » ; les arrivées et les départs étaient occasions de révérences.

aucunes folles femmes qui pour un rien se fument et cour-
roucent[116].

Aussi, ma fille, ne soyez point si muable ni volage de
courage*, que vous vous ennuyiez* de gens de façon*, et que
du jour au lendemain vous les éloigniez de vous ; et ne
controuvez* pas les occasions pour ce faire. Car aujourd'hui,
ils sont si clairsemés que, quand on les a, on les doit bien
cher tenir sans leur montrer rigueur, mais on les doit privément festoyer, ou de nouveaux fruits, ou les faire boire, et,
sans soi excuser, boire avec eux ; et [sup]posé qu'à cette heure
grevât* le boire, si* en doit-on faire les manières, pour échever* les paroles. Car aussi, ces mines n'appartiennent pas de
faire[117], sinon à grandes maîtresses. Et aussi, en prenant le
vin, pouvez boire à quelqu'un en le priant d'un autre, où
vous lui penserez complaire[118]. Pour ce, ma fille, gardez-vous
bien de faire faute en ce.

XXV[119]

Aussi, vous devez toujours [vous] accompagner de
femmes honorables, et ne vous travailler[120] d'entretenir les
autres, tant soient-elles nobles de lignage, si elles ne le sont

---

116. « s'échauffent et se mettent en colère ». Ce n'est sans doute pas un hasard si, à
propos des savants, Anne de France mentionne la colère de certaines femmes : la
plupart étaient de fieffés misogynes. Marguerite de Navarre fera dire à l'un de ses
devisants : « les sages philosophes tiennent que le moindre homme de tous vaut
mieux que la plus grande et vertueuse femme qui soit. » (*Heptaméron…*, nouvelle
40).

117. « il n'appartient à personne de se comporter ainsi ».

118. « boire avec quelqu'un à la santé d'une autre personne, si vous estimez pouvoir
lui faire plaisir ».

119. Les propos qui suivent, fort différents de ceux qui précèdent, n'en étaient pas dissociés dans l'édition Chazaud. Ils commençaient toutefois par le mot *item*, dont
c'est la seule occurrence dans les *Enseignements* (« *Item* aussi… »). Il est vraisem-

de courage*. Car de gens vertueux, on apprend toujours quelque bonne doctrine, et des autres non. Aussi chacun doit désirer de hanter* son semblable.

Pour ce, ma fille, si Dieu vous donne des enfants, ne lui demandez autre bien pour eux, sinon qu'ils puissent être bons et vertueux ; et est la principale introduction que leur devez bailler*. Et devez bien regarder par qui vous les faites baptiser, lever à l'autel ni nourrir[121], car ceux-là doivent être sages et d'honnêtes conditions (sans faire comme font aucuns, à qui il ne chaut* qui baptise ou tienne leurs enfants, mais* qu'ils le soient hautement et noblement, qui n'est pas sens), pour doute* qu'ils ne tiennent aucunes imperfections de ceux qui les auront baptisés et tenus. Si* s'en doit l'on garder, car c'est grand deuil que voir ses enfants mal conditionnés. Et au contraire, en ce monde, n'[y]a telle joie au père et à la mère qu'avoir enfants sages et bien endoctrinés.

Par quoi, n'y devez plaindre votre peine à les bien enseigner et apprendre, selon votre pouvoir et leur petit entendement : premièrement les articles de la foi, les commandements de la loi, et en quelle manière on y peut pécher, aussi des sept péchés mortels et comment on se doit confesser,

---

blable qu'Anne de France, dictant son texte à un clerc, lui a ainsi signifié de commencer un nouveau chapitre (*item*, « de même » dans la langue administrative, était utilisé pour désigner les différents objets d'une liste, donc pour signifier : « à la ligne »). Comme les enfants qui écrivent « virgule » dans les dictées, le clerc a dû écrire le mot sans mettre en œuvre la directive.

120. « ne pas prendre la peine ».

121. Ces termes désignent un mélange d'éducation et d'instruction, mais les enfants de la haute noblesse avaient généralement d'une part un religieux spécifiquement chargé de leur éducation spirituelle, et d'autre part des maîtres et une gouvernante chargés de les élever et de les instruire. La « principale introduction » (les premiers éléments d'éducation) revenait à la mère.

leurs contenances à l'église et aux prédications, et comment, en grande révérence et humilité de cœur, doivent recevoir leur Créateur[122]. Et s'il advient qu'aucun* de vos enfants ait dévotion d'être en religion, louez Dieu, et ne leur déconseillez pas ; mais aussi, ne soyez si hâtive de les y mettre qu'ils n'aient âge et sens* pour eux connaître. Et s'il advenait ainsi, devez élire religion fermée et bien tenant l'ordre[123], car vous consentir à autres serait folie, pour le danger qui en peut advenir. Aussi, gardez bien qu'autour d'eux n'y ait gens de mauvais gouvernement, afin qu'ils n'y prennent mauvais exemple ; et leur remontrez le grand bien et honneur qui vient, pour être humble et véritable. Et sur vos filles, tant comme* elles seront jeunes, y devez souvent avoir l'œil, pour [au]tant que c'est charge bien dangereuse.

¶Outre, ma fille, les devez tenir raisonnablement habillées, sans grand orgueil, afin que sur elles onques* n'ait nulle envie. Car, comme je vous ai dit devant, par l'envie des mauvais sont plusieurs reboutés* de leur bien et avancement. Pour ce, mettez raison partout, en leur donnant exemple de bien en mieux. Et quand elles seront en âge de porter atours, peu à peu vous devez laisser les vôtres, en vous conduisant toujours honorablement, afin qu'on n'ait occasion d'en mal parler, sans faire ainsi que ces outrecuidées mères, à qui il semble beau d'être vues devant leurs filles, auprès desquelles elles souvent {res}semblent être grand-mères – dont elles sont moquées. Par quoi, il s'en fait bon garder, pendant[124] qu'il est assez d'autres gracieux passe-

---

122. « recevoir la communion ».

123. Autrement dit, choisir un monastère appartenant à un ordre contemplatif (par opposition aux ordres « mendiants », qui avaient fort mauvaise réputation : cf. les histoires de « cordeliers » dans la littérature narrative) et bien tenu.

124. « d'autant ».

temps, en cet âge (combien* que je ne veux pas dire que nobles femmes, en quelqu'âge ou état* qu'elles soient, ne se puissent en raison mieux montrer que nulle des autres) ; et depuis qu'une femme a passé quarante ans, quelque beauté que jamais elle ait eue, l'on voit qu'il n'est habillement, tant soit bien fait, qui lui puisse musser les fronces[125] du visage. Par quoi l'on se [doit] maintenir selon l'âge que l'on a.

Et ne soyez pas de celles à qui ne chaut* d'avoir été en jeunesse de méchant gouvernement, et ne leur suffit pas si pareillement ne le font en vieillesse. Et leur semble honnête chose quand, en cet âge, elles sont visitées de quelque gentilhomme, à leur plaisir, et cuident* bien être aimées ; et sous ombre* de bonne amour, il y a beaucoup de mauvaises intentions. Et telles alliances[126], aucunefois, se pourchassent par [l'intermédiaire de] femmes envieuses, pour les tromper et abuser, et à la fin s'en farcer et moquer, pour en être vengées à leur gré. Aussi, parfois, elles sont entretenues pour, sans plus, faire dépit à quelqu'autre sur qui ils[127] ont envie, de ce qu'ils ont plus d'audience ou d'avancement que [auprès] nulle des autres, ce qu'ils ne peuvent voir[128] ; et, sans {ce} qu'il y ait brin d'amour, ils mettent peine d'iceux éloigner par leurs finesses*, pour eux loger en leur lieu. Et cuident* ces folles être mieux aimées de ceux-ci que des autres, pour les termes qu'ils leur tiennent ! Et en cette manière se déçoivent* elles-mêmes, et de fièvre se mettent en chaud

---

125. « cacher les rides ».
126. Ici, « relations ».
127. Les hommes qui courtisent ces femmes (afin de « faire dépit » à d'autres hommes).
128. « ce que ces autres hommes ne peuvent déceler ». Certains hommes ne recherchent la faveur de femmes que pour « s'avancer », au détriment d'autres hommes. Les femmes dont la faveur est ainsi recherchée sont forcément des grandes dames, qui détiennent du pouvoir.

mal[129], et par leur folie se déshonorent; et en cet âge, le péché est beaucoup plus grand qu'en jeunesse. Aussi, les hommes qui le pourchassent en tel âge pèchent plus gravement; combien* que, en quelqu'âge que l'on soit, le commencement est mauvais et la fin pire beaucoup.

XXVI

Pourtant*, ma fille, en quelqu'âge que soyez, gardez que ne seriez trompée, et vous souvienne de ce que vous ai dit devant. Car pour bien peu l'on se fait donner blâme, et de soi moquer, mêmement* de lourdauds, auxquels il semble bon bruit* quand, par leurs finesses*, ils peuvent avoir cause d'eux farcer de quelque femme. Et tant plus est de grande façon*, et plus leur semble la vantance honorable, et en disent plus qu'il n'en y a. Et plus sont en grande compagnie, et plus haut et avant en parlent, car ils veulent que chacun le sache, ou par leurs paroles, ou par évidents signes. Finablement, ce sont tous semblants* feintifs et contrefaits[130]. Car il n'y a si noble qui n'y ait le courage* corrompu, ni n'est si ferme qui, en ce, cuide* que la trahison soit

---

129. « tomber de fièvre en chaud mal » : d'un mal dans un autre (cf. « tomber de Charybde en Scylla »).

130. « gens faux, trompeurs et ignobles ». La « belle dame sans merci » disait, en faisant référence au personnage médisant du *Roman de la Rose* :
   Male Bouche tient bien grand cour!
   Chacun à médire étudie.
   Faux amoureux, au temps qui court,
   Servent tous de goliardie [*sont tous des mauvais garçons*] (v. 713-716).
   Champier s'en prenait également à cette engeance malfaisante dans sa *Nef des dames* :
   Vous, médisants, de rage forcenée,
   Qui ne savez [rien faire] fors* médire des dames… (bij).

déraisonnable[131]. Et s'il en y a un qui y veuille aller le droit chemin, les autres ne s'en font que moquer en diverses manières, tant est le monde corrompu, et en ce cas désordonné. Car l'on n'y use de raison ni conscience ; de quoi devons avoir grande peur, pour les punitions qui en peuvent advenir. Si* doit l'on tenir pour sages celles qui se gardent sagement et chastement.

Aussi, ma fille, en quelque lieu que soyez, ne faites pas comme ces femmes nices*, qui en compagnie n'ont point de maintien ni de contenance, et ne savent dire ni répondre un seul mot quand on parle à elles, et font semblant d'en rien ouïr, soit à leur honneur ou pour ébat[132] ; et si elles répondent, si* est-ce en chère* basse et rude, qui est manière très déshonnête, et onques* femme noble n'eut ce courage* ; et si elle l'a, elle n'est pas noble, car la nature des nobles doit être d'accroître leur renommée de bien en mieux, tant en vertus qu'en savoir, afin qu'il[133] en soit mémoire.

Pour ce, ma fille, prenez-y garde, et comme j'ai dit, prenez le moyen état, et le baillez* à vos filles, en les tenant honnêtement de leurs habits, car il sied mal voir filles à marier nicement* habillées. Et doit avoir différence des habits de vos filles à ceux des parentes de votre mari, et selon leur

---

131. Autrement dit: il n'y en a pas un, y compris parmi les nobles (gens réputés droits et fermes), qui n'ait en ce domaine le cœur corrompu et qui ne pense que la trahison est admissible.

132. « soit parce qu'elles croient que c'est une attitude respectable, soit pour s'amuser ». Bien que cette notation paraisse sans lien avec ce qui précède, il y en a un : en présence des perfides qui distillent des secrets qu'ils devraient taire, ou qui cherchent la complicité « par évidents signes », les femmes ne doivent ni « faire semblant de ne rien ouïr », ni (phrase suivante) avoir une attitude vulgaire. Elles doivent avoir la bonne répartie, montrer qu'elles ne sont ni sottes ni entraînables sur le terrain glissant.

133. « elle » (la renommée).

degré, et qu'elles sont de bon gouvernement, autrement non[134]. Et celles qui autrement le font pèchent, et sont cause de faire prendre état* à plusieurs bourgeoises de ville, auxquelles semble qu'elles le peuvent aussi bien faire que simples demoiselles qui servent, en quoi les maris ont de grands dommages[135]. Pour ce, ma fille, en cette qualité, tenez toujours le moyen et la règle, tant sur vous qu'en vos femmes et filles, afin que votre renommée soit digne de mémoire perpétuelle.

XXVII

Aussi, ma fille, si Dieu, au temps à venir, prenait votre mari, ou qu'il allât en guerre ou en lieu dangereux, et que vous demeurissiez veuve, ou seule et chargée d'enfants comme plusieurs jeunes femmes, ayez bonne patience, puisqu'il plaît à Dieu ; et vous y gouvernez sagement, sans faire comme ces folles qui, effrayées, se tempêtent et crient et font vœux et promesses, dont il ne leur souvient deux jours après,

---

134. Anne de France semble dire qu'il faut, en tenant compte des rangs de chacune, ajuster les habits des filles « nourries » en fonction des femmes vivant dans la même maison (les parentes du mari), à condition que celles-ci respectent les règles en vigueur, autrement il ne faut pas en tenir compte. La peur de la « confusion » des rangs évoquée ici et dans les phrases suivantes est à mettre en relation avec l'accès de nouvelles couches sociales aux richesses autrefois réservées à la noblesse ; elle aboutira aux différentes « lois somptuaires » du XVIe siècle (restriction à la noblesse du port de certaines matières).

135. Lieu commun de la littérature moraliste : les bourgeois auraient souffert d'avoir des épouses ambitieuses cherchant à s'élever dans la hiérarchie sociale (« prendre état »). En réalité, ce sont bien souvent les hommes des classes montantes qui voulaient avoir des épouses habillées noblement, de même qu'ils faisaient construire des hôtels ressemblant à ceux des nobles. Le lieu commun cache une volonté d'ordre social, avec d'autant plus d'habileté que le « désir de paraître » est imputé aux seules femmes. Anne de France le reprend à son compte parce qu'elle est une noble avant d'être une féministe.

et à d'aucunes, ne chaut* de leur honneur et n'en laissent*
de rien à trotter, sans qu'il leur souvienne plus de leur bon
mari, qui est mort n'a pas par aventure* un mois; qui est
moult déshonnête à femmes de bien*. Et celles[-là] char-
gent* leur honneur et reculent* le bien de leurs filles, et non
sans cause. Pour ce, ma fille, prenez-y garde, si le cas vous
advient, et vous y conduisez doucement et craintivement*.
Au regard du deuil, le plus grand n'est pas le plus loué. Car,
comme j'ai dit devant, en toutes choses on doit tenir le
moyen, voire ès choses èsquelles on puit courroucer Dieu
par excès; mais de prières, jeûnes et aumônes, femmes
veuves n'en peuvent trop faire, car dévotion doit être la principale occupation des femmes veuves. Et du gouvernement
de leurs terres et besognes, ne s'en doivent attendre* qu'à
elles, touchant la souveraineté, ni n'en doivent donner puissance à nul qui soit. Et alors, vous devez vous garder d'avoir
serviteurs trompeurs ni cuideraux*, en espécial* ceux qui
souvent ont à besogner[136], pour les charges* qui s'en peuvent
ensuivre, tant sur vous que sur vos filles, soient les serviteurs,
parents, ou autres; car maintes femmes ont été diffamées par
leurs mêmes serviteurs[137], dont c'est grande pitié, quand
noblesse est foulée par ceux de qui elle doit être supportée*!

Pourtant*, ma fille, si Fortune vous est jamais telle, gouvernez-vous y sagement, sans y acquérir mauvaise renommée. Et, après que vous aurez soigneusement servi Dieu,
pensez de bien conduire vos enfants en bonne doctrine, et
de les aimer de bonne amour et honnête, et ne faire pas
comme aucuns fols pères et mères, à qui ne chaut* d'acquérir à leurs enfants bonnes vertus, mais leur suffit de les voir

---

136. « surtout ceux à qui vous confiez beaucoup de travail ».
137. « par leurs serviteurs mêmes ».

haut élevés ; qui est chose diabolique et damnable, car après, souvent les enfants en maudissent pères et mères. Car, des hauts honneurs de ce monde, n'est en fin qu'abus et déception*. Et advient souvent que les enfants, ainsi haut élevés, oublient Dieu, et déconnaissent père et mère par leur grande folie et présomption ; et en ce sont aveuglés les pères et mères. Et en ai vu d'aucunes gentilsfemmes, qui avaient leurs filles mariées à chevaliers, lesquelles mères servaient leurs filles en mainte manière ; qui est grande bêterie à toutes deux. Car c'est outrecuidance à la fille, et à la mère parfaite folie.

XXVIII

Et pourtant*, ma fille, prenez-y garde, et suivez toujours le moyen, car il est honorable ; et en acquiert l'on la grâce de Dieu, et l'amour de ses amis, pour laquelle avoir on doit mettre peine de soi gouverner par leur conseil. Et si ainsi le faites, vous leur donnerez occasion de vous aimer et priser ; et si autrement le faites, on le vous imputera à fierté et dédain, et le nom de noblesse en perdrez. Car noblesse ne fut jamais trouvée sinon en cœur humble, bénin et courtois, et est toute autre perfection réputée vile sans les vertus susdites, quelque beauté, jeunesse, richesse ou puissance qu'on ait, qui sont les choses qui mènent les gens en la montagne de méconnaissance, tant qu'ils ne connaissent eux ni leurs parents et amis, par quoi les perdent ; et toutefois on n'en peut trop avoir.

Aussi, pour la multitude des parents et amis, on ne se doit [en]orgueillir. Car, comme dit le proverbe, *en prospérité tu trouveras assez amis, mais en adversité peu*, car ils faillent au besoin[138], comme le cheval au pied blanc[139]. Aussi, ès biens de Fortune, n'y a rien ferme ni stable. Car on en voit aujourd'hui de bien haut montés qui, dedans deux jours, sont fort ravalés*. Par ainsi, on ne s'y doit fier ni soi en élever, mais s'en doit-on humilier et remercier Dieu, en espécial* les nobles courages*, en qui tout exemple d'humilité doit apparoir* ct reluire.

Aussi, ma fille, n'acquérez rien injustement, ni ne jouissez de la chose mal acquise, car c'est damnation d'âme.

Au surplus, ne vous fiez en jeunesse, force, ni beauté, car nous n'avons une seule heure de sûreté, quelque jeune, fort ou beau que soyons. Et au regard de beauté, c'est la plus préjudiciable grâce et [la] moindre que Dieu puisse donner à la créature, et qui plus tôt se passe ; car pour une fièvre, elle est perdue. Et pour ce, ma fille, fuyez ces folles outrecuidances, car ce sont choses diaboliques et dont Dieu se courrouce : premièrement, comme j'ai dit, en trop soi élevant et outrecuidant ; secondement, pour les murmures et haines qui en procèdent ; tiercement, pour ne faire honneur à qui on doit – qui est déshonnête chose à femmes nobles, qui, de leur condition, doivent avoir le cœur si bon qu'elles ne doivent jamais rien retenir de l'honneur et courtoisie qu'elles doivent incessamment faire à chacun, à cause des grandes grâces que Dieu leur fait journalièrement. Pour ce, ma fille, ne vous y feignez* pas, car quand plus leur ferez d'honneur, et plus accroîtrez le vôtre. Car il n'est rien plus délectable à voir en femme noble que vertueux savoir, lequel se montre plus ès

---

138. « Ils manquent quand on en a besoin ».
139. Les taches blanches aux pieds des chevaux passaient pour être le signe d'un défaut se révélant au moment décisif. Cf. François Villon, évoquant les « doux regards et beaux semblants » de sa bien-aimée : « Bien ils ont vers moi les pieds blancs / Et me faillent au grand besoin » (*Lais*, vers 29-30).

nobles qu'ès autres. Mais il ne suffit pas d'ouvrir la bouche et saluer entre les dents, ains* faut, avec parole douce et inclination de chef*, faire à chacun selon [son état*], et devez faire conscience de retenir ce qui leur est dû. Ainsi à toute personne vous devez faire, soit d'entrée soit du congé*, car ce sont faits de noblesse, et en acquiert-on bonne renommée, et d'amis grand nombre – qui vous doit émouvoir à humilité, pensant que les plus grands en doivent le plus avoir.

Pourtant*, ma fille, prenez-y garde, et grande louange vous en aurez ; et qui est bien sage ne se doit feindre* en sa jeunesse d'ensuivre ces vertus. Par quoi, je vous conseille de les ficher en votre cœur, afin qu'à jamais elles vous puissent servir, et être votre règle en votre âge, sans lors commencer à apprendre quand vous devrez savoir[140] (combien* que ce n'est pas honte d'apprendre toujours). Et pour ce, fréquentez les sages, pour apprendre et retenir quelques bons enseignements et doctrines. Et ne soyez pas de ces folles outrecuidées, que, quand on les reprend ou enseigne doucement, elles le prennent à dépit et en font pis ; car, de leur outrecuidance, elles cuident* être des plus sages et savantes, et ainsi se noient en leur propre sens*.

¶Aussi dit-on communément qu'*il n'est fol sinon celui qui cuide* être sage*, et *avoir plus vu et retenu comme* une jeune personne* (combien* qu'il est impossible que les plus anciens n'aient le plus vu). Aussi est-ce un des plus grands signes d'amour qu'on puisse montrer à autrui, que doucement le reprendre de ses fautes. Par quoi, ma fille, si Dieu vous donne amis qui vous remontrent, de bon cœur les devez

---

140. « pour que vous n'appreniez pas les bonnes règles seulement au moment où vous en aurez besoin ».

remercier, et prendre peine de mettre à effet* ce qu'ils vous enseigneront, sans vous fier en sens* que vous ayez.

XXIX

Finablement, ma fille, pour conseil et générale règle, faites que tous vos désirs, œuvres, vouloirs et souhaits soient en Dieu et à sa louange, en vous attendant* à sa grâce et juste disposition, en grande humilité de cœur. Et ayez en lui ferme foi et espérance, en lui recommandant votre âme et vos affaires ; et aussi à la douce Vierge Marie, en lui priant que, de sa grâce, veuille être votre avocate vers son cher fils, et le prier que, en ce monde, vous puissiez vivre sans reproche, mais en toute pureté et netteté puissiez garder votre honneur. Car c'est un trésor précieux, lequel doit être gardé chèrement ; et ne peut être si peu cassé ou effacé que jamais on y trouve réparation digne à y satisfaire, tant l'honneur est noble et excellent quand il est entièrement bien gardé. Par quoi, ma fille, vous ne le pourrez trop chèrement garder, de peur que n'en soyez déçue*. Et s'il advenait qu'aucun* vous fît requête[141], si* ne vous en devez en rien troubler ni être honteuse, mais, gracieusement, devez faire vos excuses[142], à quelqu'homme que ce soit, grand ou petit, et toujours user de paroles douces et humbles, car plus en serez prisée, et moins requise de votre déshonneur[143]. Et croyez [bien], quand vous y feriez fières réponses, que plus tôt on vous requerra[144], pensant que ce vice n'est pas seul, et qu'à la

---

141. « qu'un homme vous fasse des avances ». Le propos sur l'honneur qui précède est sous-tendu par ce qui se dévoile ici : ce sont essentiellement les relations amoureuses hors mariage qui peuvent le détruire.

142. « décliner la proposition ».

143. « moins vous serez, ensuite, l'objet de telles avances ».

144. « plus vite on reviendra à la charge ». Cette idée est récurrente dans l'*Heptaméron*.

fin ne serez pas si dépite*, et que bref* viendront à bout de
leur quête. Si* fait donc bon être douce en toutes choses.

XXX

Et pourtant*, ma fille, si le cas vous advient, conduisez-
vous y sagement, ainsi que femmes de façon* doivent faire,
et vous recommandez de bon cœur à la Vierge Marie, et elle
vous secourra en toutes vos nécessités et affaires. Soyez toujours en port honorable, en manière froide et assurée,
humble regard, basse parole, constante et ferme, toujours en
un propos, sans fléchir. Et touchant vos excuses envers ceux
qui vous feraient requêtes déraisonnables, pouvez dire que
ne croiriez jamais qu'ils eussent le courage* si bas ravalé* que
le mettre en si viles choses, en leur remontrant les éternelles
joies et honorables louanges qu'on acquiert par l'excellente
vertu de chasteté, sans vous muer de votre bon propos pour
promesses ni paroles quelconques. Et sur toutes choses, on
doit fuir l'accointance de tels gens, car c'est souverain remède pour bien soi garder. Je ne veuille pas dire qu'on ne se
doive trouver en toutes bonnes compagnies, et ouïr parler et
répondre à toutes questions et propos honnêtes ; et y peut
avoir aucunefois autant de bien que de mal. Car, supposé
qu'un château soit de belle et bonne garde, qui jamais ne fut
assailli, si* n'est-il pas à louer ; ni le chevalier de sa prouesse
à recommander, qui onques* ne fut éprouvé. Aussi, au fait
contraire, la chose est de grande recommandation, qui est au
feu et ne peut ardoir* ni empirer, et qui est ès terribles ondes
de la mer et ne se peut noyer, et qui est ès fanges de ce
monde et ne se souille en manière qui soit.

Si* sont donc dignes d'être louées les femmes qui, en ce
misérable monde, savent vivre en pureté de conscience et

chasteté[145] ; et sont dignes d'avoir gloire éternelle. Car par leur ferme chasteté et bonne vertu, sont cause de réduire les fols désordonnés en leur charnalité à bonne voie[146]. Car, comme on dit, *l'habit ne fait pas le moine*; et ceux qu'on cuide* aucunefois les plus fort trompeurs et mondains* sont [les] plus aisés à convertir, et de plus grande recommandation. Nonobstant qu'en cettui cas[147], il n'y a point de fiance*, et vous conseille plus le doute que la sûreté. Car, comme dit saint Paul, les assauts et aiguillons de ce monde sont forts à passer, sinon que ce soit par l'aide de Dieu, auquel rien n'est impossible[148].

Et pourtant*, ma fille, pour venir à la conclusion de notre matière : pour acquérir icelle hautaine gloire et grande grâce, aussi [pour] vous mieux attraire* à dévotion et vous garder des tentations qui vous peuvent advenir pour les causes susdites (délicieuses nourritures, gaieté de courage* ou autres causes), pensez soigneusement que, à la fin, il faut mourir. Par quoi, devez mettre peine de si bien vivre que n'ayez cause de [re]douter la fin, et que puissiez avoir la grâce de Dieu en ce monde, et en l'autre sa gloire. Laquelle vous octroient le Père, le Fils et le Saint Esprit.

---

145. Cf. Christine de Pizan : « tout ainsi que la rose flaire souef [*sent bon*] et est belle entre les épines poignantes [*piquantes*], la patiente créature resplendit victorieusement entre ceux qui s'efforcent de lui nuire. » (*Trois vertus*, p. 31).

146. « ramener dans le droit chemin ceux qui débordent de sensualité ».

147. « Il n'empêche qu'en ce cas ».

148. Cf. Paul : « Il ne permettra pas que vous soyez tentés au-delà de vos forces ; mais avec la tentation, il vous donnera le moyen d'en sortir et la force de le supporter. » (Nouveau Testament, *1-Corinthiens*, 10, 13).

Histoire du siège de Brest[1]

    Au temps que le puissant prince de Galles, renommé sage et vaillant, et qui fit (comme l'on dit) un des livres des droits d'armes[2], avec très puissante armée par mer et par terre, vint descendre en Bretagne et assiéger le très fort château et ville de Brest, il y avait dedans la place le seigneur du Châtel en basse Bretagne, qui en était capitaine pour le roi.

---

1. Ce titre n'est pas d'origine (voir introduction).
2. « écrivit une page de l'histoire ».

Lequel, par la longueur du siège et que vivres et secours lui faillaient, lui fut force de composer et prendre jour avec ledit prince de rendre la place si, au jour entrepris[3], il n'était secouru. Et assembla ses parents et amis qui là étaient et consentant dudit parti[4], mais il n'y eut celui* qui se voulût mettre en otage. Par quoi, fut contraint ledit capitaine livrer et envoyer son seul fils, de l'âge de treize ans ; et lors fut d'un côté et d'autre prise la trêve, jusques audit jour.

---

3. « convenu ».
4. « d'accord avec l'arrangement trouvé ».

Le capitaine dépêcha un homme incontinent* pour aller
devers le roi et lui faire savoir ladite composition, pour avoir
secours. Et pource qu'en celui temps, pour les divisions qui
étaient en France, le roi [était] moult travaillé par force
d'armes, [il] ne le put par mer ni par terre secourir, mais fit
ordonner qu'une grosse nef, bien armée, fût chargée de
toutes victuailles et munitions nécessaires pour ladite place ;
laquelle fut aventurée[5] et mise en la garde de Dieu. Advint,
ainsi que les choses que Dieu garde sont les mieux gardées,
que cette nef eut le temps à souhait[6] ; et tellement fut aidée
de Dieu que, malgré l'armée du prince (qui par mer était),
elle passa ; et fut sauvée et retirée sous le château, le quatriè-
me jour avant que la place dût être rendue. Lors, par ce
moyen elle fut secourue, dont y eut merveilleuse* joie ; mais
peu dura.

---

5. « abandonnée ».
6. « voyagea avec un temps très favorable ».

Le jour ensuivant que la nef arriva, le capitaine manda au prince Châtel, son héraut, avec gracieuses lettres, le priant et requérant de lui rendre son otage, puisqu'il était secouru, en lui offrant des vivres de la nef, tout à son plaisir[7]. Le prince, très déplaisant* de ce secours venu (dont avait toute espérance perdue, son temps et la dépense, et la honte qu'il en avait), refusa au héraut lui rendre ledit otage s'il n'avait la place, ainsi que plus à plein* par son roi d'armes* lui manderait. Châtel, le héraut, après cette réponse eue, se partit, laquelle il dit à son seigneur. Lequel, oyant la fière réponse du prince, [re]douta bien qu'il entendait[8] : s'il n'avait la place, il ferait par dépit toute la rigueur à son fils qu'il pourrait.

---

7. « pour lui être agréable ».
8. « ce qu'il comprenait ».

Lors assembla tous ses parents et amis qui là étaient, et leur dit la réponse du prince, et puis l'un après l'autre il leur demanda leurs opinions. Dont chacun fut émerveillé* de la dure réponse. Puis, [se] regardant l'un l'autre, ils étaient si perplexes qu'il n'y avait celui* qui voulût parler le premier. Enfin, il y en eut un qui commença, et dit qu'il ne pouvait croire que le prince voulût aller contre son scellé*, lequel contenait de rendre le fils du seigneur du Châtel qu'il tenait en otage, réservé cas naturel et de la volonté de Dieu si ainsi était qu'il fût secouru, ou qu'il[9] rendît la place à faute de secours. « Ores* ne peut-il dire raisonnablement que vous, Monseigneur, ne soyez secouru, et principalement de vivres, par quoi [ne] vous rendez. Si* me semble que sa rigoureuse réponse n'est que pour vous faire peur. Et quand il voudrait user de force et cruauté, quant à moi, du rendre ou du garder, mon sens ne s'y étend plus[10]. Je n'ai serment qu'à vous, comme notre chef, que tous obéir devons ».

Les autres furent tous de cette opinion, toutefois conclurent qu'à rendre la place, ne voyaient point la façon (à loyaument conseiller), sans leur grand déshonneur. Et ces paroles dites, le capitaine, qui voyait qu'ils avaient raison, sortit de la chambre, en grande détresse de cœur, sans mot dire.

---

9. Ce *il* représente le seigneur du Châtel.
10. « s'il faut rendre ou garder la place, je ne sais ».

La nuit ensuivante, que lui et sa femme furent couchés, son pauvre cœur ne faisait que soupirer, gémir et plaindre. Lors sa femme, qui oyait mener ce deuil, combien* que ce fût le plus celément* qu'il pouvait, s'approcha, et lui dit :

– Monseigneur, il me semble que votre grande joie du jourd'hui a peu duré, selon que j'aperçois* par vos plaintes. Monseigneur, mon ami, qu'avez-vous ? Si prière de femme peut avoir lieu envers son seigneur, je vous supplie, dites-le moi.

– Ah ! Ah ! m'amie, dit-il, trop tôt vous le saurez !

– Las ! Monseigneur, dit la femme, puisque savoir je le dois, à jointes mains, je vous prie que ce soit maintenant.

Lors, à très grands soupirs, le capitaine dit :

– M'amie, c'est bien raison que le sachiez.

Et commença, en grande détresse, à lui dire de mot à mot comment, par Châtel son héraut, il avait requis et sommé le prince qu'il lui rendît son fils, puisque, par le vouloir de Dieu, il était secouru ; mais que le prince avait fait très cruelle réponse. Et comment, pour icelle, il avait assemblé tous ses parents et amis qui là étaient, auxquels il avait demandé leur conseil et avis ; et de la réponse qu'ils lui firent. Et quand sa femme entendit ces paroles, elle qui, par le secours venu (ainsi que tous ceux de léans* disaient) cuidait* bien recouvrer son très aimé fils, la douleur de son cœur tellement la détraignit[11] qu'elle en cuida* mourir. Et fut le deuil d'eux deux si très grand qu'il serait presque impossible le raconter. Et toute celle nuit, eux, leurs amis et serviteurs démenèrent merveilleux* deuil, et jusques à la réponse que fit le prince.

---

11. « l'étouffa » (se serra dans sa poitrine).

Le troisième jour après que la nef fut venue et le jour
devant que la place se dût rendre, le prince manda au capitaine son roi d'armes* accompagné de deux hérauts, chacun
portant sa cotte d'armes vêtue, pour l'admonester et sommer. Et quand ils furent léans* entrés, présents tous ceux qui
y étaient, dirent au capitaine :

– Monsieur le capitaine, le très excellent et puissant
prince de Galles, notre très redouté seigneur, nous envoie
devers vous pour vous admonester et sommer de votre honneur ; et votre devoir, c'est de lui rendre cette place demain,
à heure de tierce, si entre deux[12] n'êtes, par mer ou par terre,
secouru à force d'armes[13], ainsi que votre scellé* le porte,
dont voyez-en ci le double. Et si autrement le faites, il vous
fait signifier par nous, ses officiers d'armes et personnes
publiques, que votre otage sera confisqué.

---

12. « d'ici là ».
13. « par des troupes armées ».

¶Quand le roi d'armes* eut achevé de parler, le capitaine, qui savait bien le contenu du compromis, si* le fit lire publiquement ; puis dit audit roi d'armes* et hérauts :

– Mes amis, l'original de notre convenance est tout ainsi. Si* m'émerveille de Monseigneur, un tel prince et si renommé qu'il est, que par mon scellé* et par vous, [il] me somme de rendre cette place, quand il sait bien, et vous tous, que la cause pour quoi je me devais rendre, c'était par faute de vivres. Or, malgré son armée de mer, j'ai été secouru. Donc, par droite raison, il ne peut et ne me doit rien demander. Je lui ai envoyé Châtel, mon héraut, le prier et requérir, et par son scellé* sommer, de me rendre mon otage, comme raisonnablement le doit faire ; ce qu'il m'a refusé. Néanmoins, si* ai-je espérance en sa haute noblesse, qu'il ne me fera nul tort. Et s'il voulait dire qu'il eût meilleure raison que moi, je lui oserais bien dire le contraire, fût devant juge, ou par mon corps montrer.

Les roi d'armes* et hérauts[14] voulurent prendre congé de lui, mais avant le partir il leur dit :

– Vous me recommanderez très humblement à la bonne grâce de Monseigneur ; et à Dieu soyez, mes amis.

---

14. « Le roi d'armes et les hérauts ».

Après que les hérauts furent partis, le capitaine fit derechef assembler tous ses parents et amis, et voulut encore
savoir d'eux leur opinion. Et quand ils furent assemblés, en
montrant à son regard et parler être assez plus joyeux que
son triste et dolent cœur n'était, il leur dit :

– Messieurs et mes amis, vous avez ouï le fier et rigou-
reux parler de ce prince. Si* vous prie tous que m'en veuillez
encore quelque bon conseil donner, et n'ayez égard [à rien]
fors* à nos devoirs et honneurs.

Pour abréger, il n'y eut celui* qui lui voulût donner autre
conseil que le premier. Et quand il vit qu'autre chose n'en
pouvait avoir, en la meilleure chère* qu'il put, s'en alla dîner.
Toutefois, quelque beau semblant* qu'il fît, son piteux cœur
ne cessait de penser, et pareillement celui de sa très décon-
fortée* femme incessamment soupirait, en maudissant
l'heure et le jour qu'ils avaient pris la charge de celle place.

Quand la nuit fut venue et ils furent couchés, le capitaine dit à sa femme :

– M'amie, je vous prie qu'un peu cessiez votre deuil et m'écoutiez. Il a plu à notre seigneur que nous deux ayons été conjoints par mariage, par la grâce duquel avons eu un seul fils, lequel, à faute de vivres, comme savez, livré en otage l'avons. Ores* est advenu que nous en avons été bien secourus, mais ce faux et tyran prince, à son parler, veut avoir cette place, ou notre fils est en danger. Dont* me convient (et est force), pour le recouvrer, de rendre la place et à jamais être déshonoré.

Et à ces paroles recommença ses douloureuses plaintes, en disant :

– Ne suis-je pas, sur tous les vivants, le plus défortuné et malheureux ? Pourquoi vins-je onques* sur terre, pour être[15] condamné à perdre si malheureusement mon honneur ? Où est plus le seigneur qui m'avouera ni qui me voudra[16] ? Où est l'ami qui plus me chérira, et le serviteur qui me servira ? Et où est la terre qui me soutiendra ? Mon Dieu ! Mon créateur ! ayez merci* de moi ! et me délivrez de la douleur mortelle que mon pauvre cœur souffre, quand, pour bien faire, je perds mon honneur, ou [que] de mon enfant je suis le boucher, qui l'ai livré à mort !

Et, ces paroles finies, le cœur lui faut*, et ne peut plus mot dire. Sa femme qui d'autre part son grand deuil menait, voyant perdre l'honneur de son mari ou son tant beau et gracieux fils (qui, au rapport d'un chacun, de l'âge de treize ans ne s'en trouvait un pareil), [re]douta que son mari n'en prît

---

15. « puisque je suis ».
16. « le seigneur qui acceptera d'être mon supérieur, qui voudra que je le serve ».

la mort. Lors en son cœur pensa, et dit en soi-même : « Las ! Pauvre ! S'il se meurt, tu as bien tout perdu ! » Et en ce pensement*, elle l'appela, mais il n'en entendit rien. Et lors elle, en s'écriant, lui dit :

– Ah, Monseigneur ! Pour Dieu, merci* ! Ayez pitié de moi, votre pauvre femme, qui sans reprocher nul service[17] vous ai si loyaument aimé, servi et honoré, en vous priant à jointes mains que ne veuillez pas vous, moi et notre fils, perdre ainsi à un seul coup !

Et quand le capitaine entendit sa femme ainsi parler, à chef de pièce[18], il répondit en tressaillant :

– M'amie qu'est-ce que vous voulez dire ? Combien que vous ayez besoin de réconfort [autant] ou plus que moi, et que je dusse être celui qui vous donnât consolation, néanmoins, considérant que je suis cause de la perdition de notre enfant, je désire plus la mort que de vivre après lui, s'il est ainsi qu'il en meure. D'autre part, si l'échange pouvait être fait de moi à lui, ce serait le bâton de votre vieillesse, et pourriez trouver parti d'aussi bon endroit, et, à l'aventure*, meilleur que je ne suis.

Toutes ces paroles, et plusieurs autres qui seraient longues à raconter, disait le capitaine, homme preu et savant, pour consoler sa femme. Laquelle, après avoir ouï ce que son mari lui disait, laissant le courage* féminin[19], renforça sa parole en disant :

---

17. « sans rechigner ».
18 « hors d'état de résister plus longtemps, à bout d'arguments ».
19. Les idées reçues sur la faiblesse féminine et la force masculine sont si prégnantes à cette époque qu'elles constituent une norme ; tout individu s'en écartant semble abandonner son identité de sexe. La Sale insistait lourdement : « et quand le capitaine ouït madame si hautement parler, avec un contemplatif soupir remercia Jésus Christ, le très haut et puissant Dieu, quand du cœur d'une féminine et

– Monseigneur et mon cher ami, je ne suis pas ignorante que vous n'ayez[20], et non sans cause, beaucoup de deuil et ennui*, pour plusieurs raisons que trop mieux entendez que moi. Toutefois nous devons toujours de deux maux éviter le plus grand, et de tout nous conformer à la volonté de Dieu.

Adonc le capitaine, oyant parler sa femme si vertueusement, prit cœur en soi et lui demanda :

– M'amie, si vous connaissez quelque bon moyen qui soit à notre honneur, je vous prie m'en dire votre avis.

Lors sa femme lui répondit :

– Monseigneur, la vertu et connaissance des hautes choses doit procéder des nobles esprits des vertueux hommes, et non pas des cœurs fragiles de nous, femmes, qui par l'ordonnance divine, sommes aux hommes sujettes* en loyal mariage. Par quoi, je vous supplie que, de ce, la connaissance n'en vienne point à moi[21].

Le capitaine lui dit :

– M'amie, amour et devoir veulent que, de tous mes principaux affaires, selon Dieu et raison, vous en dois départir, comme un cœur en deux corps et une même volonté que j'ai toujours aperçue* en votre endroit, et aussi, pour les biens et sens[22] que j'ai trouvés en vous ; par quoi, vous prie

---

piteuse créature partait si hautes et si vertueuses paroles… » (*Réconfort…*, l. 465-468). Anne de France allège mais conserve l'idée, comme d'ailleurs d'autres femmes (cf. Christine de Pizan : « je dirai par fiction / Le fait de la Mutation : / Comment de femme devins homme » [*Le Livre de la Mutation de Fortune*, v. 153)].

20. « je sais bien que vous avez ».

21. La dame du Châtel rappelle qu'en tant que femme, elle est exclue de la « connaissance des hautes choses » qui est l'apanage des « nobles esprits des hommes » ; elle paraît attendre l'autorisation de sortir de son rôle, que son mari va lui donner en invoquant son « devoir » d'épouse (inséparable de son « amour »).

22. « et le bon sens ».

derechef que me déclariez le choix que vous y connaissez, au plus près de votre volonté.

– Monseigneur, dit la femme, puisqu'ainsi est que voulez que le vous dise, premier*, je vous supplie que laissiez votre deuil et ennui*, et remettiez tout en la disposition de Dieu, qui fait toutes choses pour le mieux. En après, {que} vous et chacun vivant savez que, selon droit de Nature et expérience des yeux, est chose plus apparente que les enfants sont mieux fils ou filles de leurs mères (qui en leurs flancs les ont portés, puis enfantés en grande douleur), que ne sont de leurs maris ; laquelle chose je dis pource que, par ainsi, notre fils est plus apparent[23] mon vrai fils que le vôtre, nonobstant que soyez le vrai père naturel (et de ce, j'en appelle, au très épouvantable jour du Jugement, Dieu à témoin). Et pour autant qu'il est mon vrai fils, et qu'il m'a cher coûté à porter en mon ventre l'espace de neuf mois (dont j'ai reçu par maints jours maintes dures angoisses, et puis comme mort à l'enfanter[24]), lequel j'ai aimé et chèrement nourri jusqu'au jour qu'il fut livré, toutefois, dès maintenant je l'abandonne en la miséricorde de Dieu ; et veuille que jamais ne me soit plus rien (ainsi que [si] onques* ne l'avais vu), ains* libéralement, de tout mon cœur, sans force ou violence aucune, vous donne et transporte toute la naturelle amour, droit et affection que mère peut et doit avoir à son seul et très aimé fils, pour la garde et défense de votre honneur (à toujours mais[25] perdu si autrement en est). Lequel, après Dieu, sur femme, enfant et toutes autres choses, devez plus aimer ; et de ce, j'en appelle à témoin le vrai Dieu tout puissant, qui le nous a prêté. Par

---

23. Les deux occurrences du mot *apparent* désignent ce qui est visible, manifeste.
24. « j'ai souffert la mort à le mettre au monde ».
25. « à tout jamais ».

quoi, Monseigneur, il me semble que devez prendre ce choix, considéré que sommes assez en âge pour en avoir d'autres, s'il plait à Dieu nous en donner. Et si l'amour de votre fils était cause de faire perdre votre honneur, à jamais en auriez reproche. Pourtant*, Monseigneur, je vous supplie très humblement que, pareillement, le[26] remettiez en la disposition et volonté de Dieu, en le remerciant de ce qu'il le vous a donné pour votre honneur racheter.

Quand le capitaine ouït ainsi parler sagement sa femme, il lui dit:

– M'amie, tant que l'amour de mon cœur se peut étendre, plus que jamais vous en fais part, vous merciant du beau don que m'avez fait, connaissant qu'avez du tout oublié la parfaite et naturelle amour que mère peut avoir à son enfant, pour mon honneur et ma vie sauver; qui à jamais vous sera louange, et redondera* à l'honneur des femmes vertueuses qui viendront après vous. Et de ma part, de bon cœur je prie notre Seigneur qu'il le vous veuille rémunérer.

Lors la guette* du jour sonna, et jaçoit* qu'ils n'eussent guère dormi la nuit (et leurs pauvres cœurs pris repos, ains* tristesse et abondance de larmes), si* se levèrent tous deux et allèrent ouïr messe, pour remercier Dieu de tout.

---

26. Le fils.

Après avoir ouï la messe, qui était environ soleil levant, vint le roi d'armes* du prince, accompagné de deux hérauts à la porte du château, demander le capitaine. Lequel, après les avoir fait entrer, devant tous les voulut écouter en une grande salle. Adonc le roi d'armes* commença à parler, et dit :

– Monseigneur le capitaine, nous, comme officiers d'armes, de par le prince de Galles notre très redouté seigneur, cette fois pour toutes sommes envoyés devers vous pour vous notifier, avertir et sommer de votre honneur et promesse : il est sur le point de l'heure de tierce que devez rendre cette place à notre dit seigneur, si n'étiez entre deux[27] secouru. Au regard de ce que [vous] nous en chargeâtes lui dire, nous le lui avons fiablement rapporté. Mais il nous fit réponse et dit que, par raison, ne vous pouvez

---

27. « d'ici là ».

dire secouru. Et qu'il soit vrai : il vous tient le siège par mer et par terre ; et qu'il ne s'entend point le château être secouru[28], si l'un ou l'autre siège n'est par force d'armes délogé. Et que si vous ne vous rendez, il fera de votre fils ce qu'à otage de capitaine fausseur de son scellé* appartient. Et à ce, vous nous ferez réponse telle, que bien votre honneur y garderez.

Puis le tirèrent à part et lui firent de grandes promesses et offres de par leur seigneur, comme l'on dit. Auxquels le bon capitaine répondit que *les rois et princes sont amoureux des trahisons et ennemis des traîtres*. Puis leur dit :

– Vous me recommanderez très humblement à la bonne grâce de Monseigneur le prince, et lui direz que, quelque chose qu'il dise, j'ai espérance qu'il aura égard tout premier* à Dieu, que j'appelle à témoin, et après à son honneur, qu'il doit estimer et aimer sur toutes les choses de ce monde. Au surplus, touchant ses menaces et injurieuses paroles, lesquelles onques* ne partirent de bouche d'honnête seigneur, vous lui direz que, sauve sa révérence[29], {et que} d'homme à homme, si la place était commune et que nous fussions devant juge compétent, je lui voudrais répondre que, de m'appeler « fausseur de mon scellé* », que lâchement et mauvaisement il a menti ! Et ce, je le prends à prouver par son même scellé*. Et s'il n'est suffisant, je lui prouverai corps à corps, devant tous les princes du monde, comme gentilhomme que je suis, digne et suffisant* (sur telle querelle) [pour] répondre à tous rois ! Et quant à l'otage, s'il[30] n'a égard

---

28. « on ne peut pas considérer le château secouru ».
29. Formule destinée à excuser par avance les rudes propos qui vont venir (« sauf le respect que je lui dois »).
30. Le prince.

à Dieu et à son honneur, il peut faire du corps innocent à sa volonté ; mais l'âme en sera à Dieu glorifiée par vrai martyre. Encore que Monseigneur le prince fût si félon d'exercer toute rigueur envers mon fils, au moins, avant que le faire mourir, qu'il le mette à rançon compétente[31], et, s'il est possible, je le délivrerai. Et pour en avoir sur ce sa réponse, Châtel, mon héraut, s'en ira avec vous.

Et lors lui ordonna d'y aller, il les fit repaître, puis leur donna congé*.

---

31. « qu'il fixe une rançon convenable ».

Quand les hérauts furent hors la place, le capitaine fit apporter ses armes, et commanda que chacun s'armât, puis fit [mander] sa femme, et, en sa présence, dit à tous :

– Messeigneurs et amis, à ce coup faut-il que nous montrions le bon droit que nous avons ; car je suis assuré que, par dépit de nous, ce faux prince et mauvais tyran n'entendra[32] point à la rançon de notre fils ; et s'il n'y entend à ce coup, bientôt le fera mourir. Mais si en place marchande[33] il le fait, secourir le nous faut, car nous avons Dieu et raison pour nous. Et combien que ne soyons à la vingtième partie en si grand nombre que nos ennemis, je me fie tant en vos loyautés, prouesses, hardiesse et bonne conduite, qu'il n'y a celui*

---

32. Ici dans le sens de « accepter ».
33. « publique ».

de vous qui ne soit expérimenté. Aussi, vu que nous sommes en nos pays, et le bon droit que nous avons, j'espère, à l'aide de Dieu, que nous viendrons à nos fins et bonnes intentions, et qu'il sera parlé de nous. Et si ainsi était que Fortune nous fût si contraire que Dieu ne veuille [nous secourir], que nous y demeurissions ; il nous vaut mieux mourir à honneur que de vivre à honte.

Puis appela un sien cousin et lui dit :

– Mon cher cousin et ami, je vous baille* la charge de cette place, en la façon et manière et sous les conditions que je la tiens du roi, jusques à mon retour ; et vous recommande ma femme. Et si, d'aventure*, j'étais mort ou pris, pour chose qui soit ne laissez* à bien garder cette dite place, tant que la rendiez entre les mains du roi ou de son vrai et légitime héritier, ou autre par lui à ce expressément commis.

Puis ordonna le nombre de gens suffisant pour garder la place et élut ceux qu'il voulait pour aller avec lui, tant à pied comme* à cheval. Lors chacun s'apprêta, et le capitaine prit congé de sa femme et de ceux qui demeuraient, ses amis, et monta à cheval en attendant la réponse du prince par Châtel, son héraut.

Ce pendant, les hérauts vinrent faire la réponse à leur seigneur, en la présence de Châtel.

Quand le prince eut ouï la réponse du capitaine, trop haute et rigoureuse à son gré, comme désespéré il commanda à son prévôt qu'il prît le fils du capitaine et qu'il le fît enserrer par les pieds et les mains, voyant Châtel, le héraut, auquel il fit commandement, sur sa vie[34], qu'il ne partît de son pavillon sans son congé*, jusques à ce qu'il eût porté[35] à son maître la réponse de la rançon de son fils. Et quand l'enfant se vit enserrer, tout étonné dit au chef de ses gardes :

– Thomas, mon ami, qu'est ceci ? Pourquoi m'enserre l'on ?

Et Thomas, en soupirant, lui dit :

----

34. « sous peine de mort ». Le texte suggère que le prince simule la colère, à l'intention de Châtel.
35. « jusqu'au moment où il porterait ».

– Mon ami, c'est Monseigneur qui l'a commandé, afin que quand vos gens vous verront ainsi, ils aient plus de pitié de vous.

Lors, il demanda si son père ne voulait point rendre la place, à ce qu'il n'avait été secouru[36], et le prévôt lui dit que le prince avait commandé le mener devant la place, afin qu'il se rendît plus tôt, car il le voulait voir. Et ainsi le voulaient assurer de belles paroles, comme son âge le portait, et lui donnèrent à boire et à manger.

Lors le prince ordonna deux bandes, chacune de cent hommes d'armes et mille archers. Et fit appeler Châtel et lui dit :

---

36. « parce qu'il n'avait pas été secouru ». L'enfant s'informe, le prévôt esquive.

– Ores*, suivez le fils de votre maître, afin de [pouvoir] lui en porter les nouvelles, ainsi que verrez.

Adonc Châtel, qui connut bien que l'enfant allait mourir, se jeta à genoux aux pieds du prince, et lui dit:

– Ah! Monseigneur! Pour Dieu, merci*! Ja* à Dieu ne plaise que je sois né en si mauvaise heure que mes yeux soient témoins de faire rapport à mon maître de si piteuses nouvelles! Mais suffira bien que ma langue malheureuse en fasse témoignage de ce que j'en aurai ouï.

Lors le prince lui dit:

– Je veuille qu'en personne le voyiez.

Adonc le fit prendre par deux archers et mener après l'enfant, et fit passer par devant lui la première bande et fit mettre l'enfant au milieu, accompagné du prévôt et de cinquante archers. Et l'autre bande venait après, tous rangés en bataille. L'enfant était sur un petit cheval, les mains liées et les pieds enserrés, et mené comme un malfaiteur. Et en passant par devant le prince, le salua, enclinant la tête avec bon visage assuré et riant, comme celui qui ne prévoyait la fortune* qui lui était fort prochaine, mais s'éjouissait de ce qu'il pensait voir bientôt son père et sa mère, ainsi qu'on lui avait dit; dont il n'y eut [en] sa compagnie si dur cœur qui ne larmoyât de voir un si tendre et bel enfant mené à la mort sans l'avoir desservi*.

Pendant que le capitaine attendait son héraut Châtel, vint à lui une des espies* qui avait été ordonnée à faire le guet, qui lui dit :

– Monseigneur, nous voyons deux grandes compagnies de gens d'armes l'une après l'autre, et au milieu une petite bande, en laquelle nous pensons que soit votre fils, mais nous ne savons où ils iront.

Lors le capitaine ordonna ses gens et mit en ordre pour saillir avec lui, et n'eut plus loisir d'attendre. Et en faisant le signe de la croix, commanda les portes être ouvertes, et que chacun le suivît, pour tous à un coup saillir. Là, survint un autre de ses gardes, qui lui dit :

– Monseigneur, pour tout vrai, les deux bandes et celle du milieu tiennent le chemin de Montrond, et sont tous bien montés et armés, comme il appert* au grand reluire que font les harnais.

Le capitaine dit à sa femme et aux autres ses amis :

– Adieu m'amie, et vous tous, mes bons amis! Je prie notre Seigneur qu'il soit garde de vous et de nous.

Lors sa femme, qui tant de peur et de doute* avait de la personne de son seigneur et ami, se mit à genoux devant lui en disant :

– Ah! Monseigneur, pour Dieu, merci*! Ores* êtes-vous ma mort et ma vie! Si, pour garder et sauver votre honneur, advient que soyons désistés et dégarnis de notre seul et très aimé fils, est-il pour [au]tant dit que deviez obéir à chose impossible, et vouloir perdre vous, vos parents, et tant d'amis, et moi avec tous, quand nous voulez tous abandonner et ainsi aventurer*? Et si Fortune l'a permis, et que sans mal conseil la voulez croire et ensuivre, hélas, moi, la plus dolente de toutes, ne veux et ne puis en ce monde plus vivre!

Et à ces paroles elle tomba pâmée comme morte. Lors chacun courut à elle, et fut secourue le mieux qu'il fut possible.

Pendant que la dame était ainsi pâmée, arriva un autre des gardes, qui dit :

– Monseigneur, Châtel, votre héraut, revient, et avec lui six ou huit hommes à pied, tout près l'un de l'autre ; et les deux bandes se sont mises en une, qui s'en retourne.

– Hélas ! dit le capitaine, ores* est mon bon fils mort, à ce que je vois, lequel je pensais secourir ! Et ma très chère femme comme morte ! Or*, soit Dieu loué de tout !

Alors, par le conseil de ses amis et pour l'amour de sa femme, il ôta ses armures[37] qu'il portait, puis vint à elle, et lui dit :

---

37. Les pièces de son armure.

– Ah, m'amie, qu'est ceci? Je [me] suis à votre prière arrêté, ne me ferez-vous autre chère*?

La dame, qui entendit la voix de son seigneur, commença à ouvrir les yeux. Et quand il vit qu'elle se revenait, lui dit:

– Certes, m'amie, si vous saviez mon déplaisir, vous me parleriez autrement.

Et à ces paroles, elle jeta un grand soupir. Puis, au mieux qu'elle put, lui dit:

– Ah! Monseigneur! Il me soit pardonné! Est-il vrai que vous êtes demeuré?

– Oui, dit-il, m'amie, vraiment!

Lors elle prit cœur en soi, et parlèrent de plusieurs choses, en attendant la venue de Châtel.

Nous retournerons à parler de l'enfant, qui encore cuidait* qu'on le menât devant la place de Brest, pour être
montré à son père, mais quand il vit qu'on prenait le chemin
de Montrond, se douta bien qu'on le menait mourir. Lors
commença à faire un pitoyable et merveilleux* deuil, en
disant au chef de ses gardes :

– Ah ! Thomas, vous me menez mourir !

Et en faisant ses pleurs et lamentations, en regardant
d'un côté et d'autre, aperçut Châtel, le héraut de son père,
vêtu d'une cotte d'armes, que deux archers menaient. Il
s'écria à haute [voix] :

– Ah ! Châtel, mon ami, je m'en vais mourir ! Vous ferez
mes très humbles recommandations à Monseigneur mon
père, et à Madame ma mère, leur suppliant me pardonner si
onques* je leur méfis*, et leur direz adieu pour moi, car en
vie jamais au monde ne me verront ! Hélas ! Quelle angoisse, tristesse et piteuse nouvelle ils auront, du rapport très

douloureux que leur ferez de moi! Je connais bien que leur ennui* doublera, pource qu'ils n'avaient enfant que moi, et que par eux je suis ici. Toutefois, eux ni moi n'en sommes cause, mais c'est Fortune, qui tant nous a été contraire! Car, pour l'affaire d'autrui, suis tombé en ce misérable inconvénient! Toutefois je remercie mon Dieu que ce n'est point pour méchanceté que j'ai faite, et aussi qu'il lui plait me prendre en état d'innocence, et sans {ce} que j'aie plus connu des misères de ce monde, le suppliant, comme son martyr et innocent, me faire participant de sa gloire éternelle.

Et quand il fut au lieu où il devait être exécuté, il dit adieu à Châtel, puis requit confession; laquelle faite dévotement, comme à enfant bien instruit et moriginé* appartenait, après avoir recommandé son âme à Dieu, le bourreau d'un seul coup lui trancha la tête.

Pendant que le capitaine attendait la réponse par son héraut, vint à lui un des gardes, qui lui dit moult piteusement :

– Monseigneur, certainement, toutes les bandes s'en retournent ! Hélas ! J'ai grande peur que Monseigneur votre fils n'ait été exécuté.

Lors le capitaine, très angoisseux de ces nouvelles, lui dit :

– Garde bien que tu ne le dises à personne ! Et va à tes compagnons, et de par moi leur défends aussi.

Bientôt après retourna un autre garde qui lui dit :

– Monseigneur, nous avons vu cinq ou six hommes qui tout droit viennent ici bien serrés, et nous semble que Châtel y soit.

En disant ces paroles, Châtel arriva tout seul à la porte, laquelle lui fut ouverte ; et quand il fut entré, le capitaine lui demanda quelles nouvelles [il rapportait]. Lors le cœur lui serra si très fort qu'il ne put dire un seul mot. Le capitaine, qui par ce signe fut certain de la mort de son fils, pour ne déconforter* sa femme, au mieux qu'il put prit cœur ; et réconforta tant Châtel qu'il lui dit de[38] son arrivée vers le prince, aussi de sa réponse, et de la mort de son jeune maître. Et en renforçant sa parole, dit ce que s'ensuit :

– Hélas ! Après la très cruelle exécution de Monseigneur votre fils (que Dieu absolve !) et que l'exécuteur l'eût dépouillé de ses riches habillements et laissé en chemise, je dévêtis ma cotte d'armes et la mis dessus son corps. Puis retournai au prince et lui dis : « Monseigneur, puisqu'il a ainsi plu à vous ou à Fortune priver de vie ce tendre et délicat enfant, je vous supplie très humblement, en l'honneur de la Passion de notre Seigneur, qu'il vous plaise m'en vouloir donner le corps, afin que les bêtes ou oiseaux ne lui fassent empêche[39]. » Adonc le prince, tout dépiteux*, me dit : « Et je le vous donne ! Il me déplaît bien que ce n'est le père ! Si je le tenais aussi bien que j'ai fait le fils, il pourrait bien dire que jamais ne se moquerait de prince ! » Puis je lui suppliai me donner congé*, et [des] gens pour aider à porter le corps jusque là où il est, ce qu'il fit ; lesquels j'ai assurés[40].

---

38. « que ce dernier put lui parler de… ».
39. « ne l'accablent » (n'accablent sa dépouille).
40. « desquels j'ai pris soin ».

Le capitaine, comme bon chrétien qu'il était, se tira à part, et à genoux, les mains jointes, remercia notre Seigneur en disant :

– Beau sire Dieu, qui m'avez prêté cet enfant jusques à ce jourd'hui, veuillez en avoir l'âme, et lui pardonnez ses méfaits ; et à moi aussi quand, pour bien faire, l'ai mis en ce parti !

Puis commença à penser aux regrets de sa femme, et disait :

– Hélas, pauvre mère, que diras-tu ? Et que feras-tu, quand tu sauras la piteuse et cruelle mort de ton cher fils, combien que pour moi tu l'avais abandonné du tout, pour acquitter mon honneur ? Hélas ! Mon Dieu, soyez en ma bouche pour la réconforter !

Et ces paroles dites, il se leva, et commanda à chacun que cette chose fût celée à sa femme. Adonc il ordonna faire venir le corps de son fils, lequel il fit enterrer en grand honneur. Et ne faut pas demander les piteux regrets qu'il faisait sur son corps, en baisant sa tête qu'il tenait en ses mains, et disait :

– Ah, mon cher fils ! Le plus défortuné qui onques* fut ! Qui avez eu si beau et bon commencement, et autant rempli des dons de grâce et de nature qu'onques* fut enfant de votre âge ! Hélas ! Sans l'avoir mérité, vous êtes mort, vrai martyr, pour sauver mon honneur et garder loyauté ! Je vous prie, mon cher fils, que le me veuillez pardonner !

Le service de l'enterrement [fut] fait, où n'y eut grands ni petits qui ne fissent merveilleux* deuil et grands cris ; et au partir de l'église, fit le capitaine défendre qu'il n'en fût rien dit à sa femme.

Et quand ils furent tous assis à table pour dîner, la dame dit :

— Je m'émerveille moult que Châtel n'est venu.

— Lors, dit le capitaine, il est vers le prince de Galles, poursuivant la réponse de la finance de notre fils.

— Et comment, dit-elle, Monseigneur ? Avez-vous espérance le recouvrer par finance ?

— Je ne sais, m'amie, dit le capitaine. Advienne ce qu'en pourra, je m'en suis mis en mon devoir.

Et lors, pour l'ôter de cet espoir, lui dit :

— M'amie, je connais ce tyran prince si félon que, pour dépit qu'il n'a cette place, il en fera son cruel vouloir ; mais s'il le fait mourir, vous et moi en avons fait notre deuil. Aussi tôt, pourrait mourir[41] de peste, de fièvre soudainement, ou d'autre façon (comme advient souvent), dont ne serait pas ainsi plaint. Et [qui] plus est, il serait mort martyr au service de notre souverain, dont aurions un intercesseur en Paradis qui prierait Dieu pour nous.

Et la dame, pour réconforter son seigneur, dit :

– Monseigneur, vous dites vrai. Et quant à moi je l'aimerais mieux ainsi mort, que s'il était mené en Galles, pour être serf et chétif* à ce faux tyran et mauvais prince !

Lors le seigneur répondit :

– Autrefois le m'avez-vous dit. Or* m'amie, puisqu'à ce propos sommes venus, il nous en faut réconforter, et de tout louer Dieu, car ainsi est son plaisir.

– Il est donc mort ? dit la dame.

– Certes, oui, dit le seigneur.

Lors la dame, combien que grande douleur en eût son pauvre cœur, pour complaire à son seigneur montra n'en être trop déplaisante*, mais dit : « Or* de par Dieu soit ! Notre Seigneur en ait l'âme ! » sans, pour l'heure, en montrer autre semblant*. Mais après avoir su par son seigneur, à secret, comment il en était allé, à part elle en mena très grand deuil.

---

41. « il pourrait aussi bien mourir… ».

Le sixième jour après l'exécution de l'enfant, le prince, voyant la place ainsi secourue de vivres, et que le capitaine avait mieux aimé perdre son seul fils que la rendre, ne voulut plus là perdre son temps, et délibéra de s'en partir. Si* envoya son roi d'armes* offrir au capitaine lui donner six mille nobles* pour recouvrer son artillerie qu'il avait perdue par une saillie. Auquel roi d'armes* le capitaine dit :

– Dites au faux tyran Hérode[42], votre maître, plus traître que Judas, que j'ai or et argent assez. Et avant jetterais[43] l'artillerie dans la mer, que jamais s'en servît !

---

42. Hérode Ier (v. 73-4 av. J.-C.), fait roi des Juifs par les Romains, considéré comme imposteur par eux, et comme responsable du massacre des Innocents par les chrétiens ; il est « faux », c'est-à-dire traître, et pire que Judas, celui des apôtres qui trahit le Christ. Les responsabilités d'un prince le rendent plus coupable que les simples sujets, c'est ce que répètent les *Enseignements*.

43. « je jetterais plutôt... ».

Adonc s'en retourna le roi d'armes* sans rien faire.

Avant le partement du prince, ceux qui tenaient la mer se voulurent refraîchir et descendre en terre. Quoi voyant le capitaine de la place, que ses ennemis étaient en désordre, assembla ses gens et entreprirent de saillir sur eux par une fausse porte; et ordonna une embûche à pied et à cheval, puis peu à peu fit dresser l'escarmouche. Ceux qui étaient demeurés au château devaient faire fumer une des tours quand ils verraient qu'il serait temps de retirer[44] ceux qui étaient saillis, ce qu'ils firent à l'heure de la retraite. Et à ladite escarmouche, les gens du capitaine firent si bien, à coups de mains, d'artillerie que de traits, [qu'il] y eut bien des Anglais six-vingts, que morts que pris[45]. Et quand tous furent retirés au château, le capitaine fit dresser un gibet sur la maîtresse tour, afin qu'il fût vu par mer et par terre; si* voulut savoir les noms des prisonniers. Et quand il les sut, il en choisit douze des plus apparents*, qui se voulurent rançonner soixante-quinze mille nobles*, mais onques* ne purent avoir rançon. Lors disaient l'un à l'autre:

– Hélas! Que mal nous prend de la cruauté de notre prince, quand par lui faut que nous mourions!

Et après qu'ils furent confessés, et [qu'ils aient] à Dieu recommandé leurs âmes, ils furent tous en ce gibet pendus. À ceux qui étaient demeurés, en nombre cent et six prisonniers, fit à chacun crever un œil, couper une oreille et le poing, tout du côté droit. Et puis il leur dit:

---

44. « laisser rentrer ».
45. Cf. La Sale: « les Gallois furent, tant par armes que par canons et autres traits, onze-vingts que morts que pris » (*Le Réconfort*, l. 874-875) ; il est difficile de savoir ce qu'Anne de France voulait changer ici, au-delà du nombre des morts et prisonniers (120, au lieu de 220). Peut-être faut-il comprendre: « se battirent si bien, tant au corps à corps, avec l'artillerie et les archers… ».

– Allez à votre seigneur Hérode, et lui dites que je vous ai fait grâce de la vie et des autres membres qui vous sont demeurés, pource qu'il donna à Châtel, mon héraut, le corps mort de mon fils.

Et ainsi piteusement accoutrés, s'en allèrent. Et quand le prince les vit ainsi atournés*, et les douze qui étaient pendus, il cuida* mourir de rage, de honte et de deuil. Et les autres pauvres maudissaient l'heure de quoi ils l'avaient jamais vu. Lors, quand il se vit frustré de son intention, et qu'il avait perdu sa peine, son temps et tant de gens et d'argent, comme désespéré fit charger le demeurant de son artillerie, et prit le chemin pour s'en retourner dont* il était venu. Mais Fortune et le vent lui furent si contraires, que sa nef donna à travers d'une roche, et se fendit par le milieu ; et le prince et tous ceux qui étaient dedans furent noyés et perdus. Et veut-on dire que ce fut punition et jugement de Dieu, et qu'il devait bien finir méchamment, quand ainsi, cruellement et injustement, il avait fait mourir l'enfant du capitaine, dont ci-dessus est faite mention.

FIN

COMPLÉMENT BIBLIOGRAHIQUE

Sources

Anne de France. *Les Enseignements d'Anne de France, duchesse de Bourbonnois et d'Auvergne, à sa fille Susanne de Bourbon*, éd. A.-M. Chazaud, archiviste de l'Allier, Reproduction des miniatures originales d'après les dessins de M. A. Queyroy. Moulins, Desrosiers, 1878.

Champier, Symphorien. *La Nef des dames vertueuses composée par maistre S. C., docteur en médecine, contenant quatre livres, le premier est intitulé la fleur des dames, le second est du regime de mariage, le tiers est des propheties des sibilles, le quart est le livre de brave ame.* Lyon, Jacques Arnollet, 1503.Chartier, Alain. *La Belle Dame sans mercy*, in *Poèmes*, éd. James Laidlaw. Paris, « 10-18 », 1988.

Christine de Pizan. *La cité des dames*, trad. Thérèse Moreau & Éric Hicks. Paris, Stock, 1996.

–. *Le Livre des Trois Vertus*, éd. Charity Cannon Willard & Éric Hicks. Paris, H. Champion, 1989.

La Sale, Antoine de. *Le Réconfort de Madame de Fresne*, éd. Ian Hill. Exeter, University of Exeter, 1979.

Études

Caron, Marie-Thérèse. « L'éducation des filles à la fin du Moyen Age, un sujet mal connu », in Guyonne Leduc (dir.), *L'Éducation des femmes en Europe et en Amérique du Nord de la Renaissance à 1848: réalités et représentations*. Paris, L'Harmattan, 1997.

Chombart de Lauwe, Marc. *Anne de Beaujeu ou la passion du pouvoir*. Paris, Tallandier, 1980.

Clavier, Tatiana. « *Les Enseignements d'Anne de France* et l'héritage de Christine de Pizan », in Isabelle Brouard-Arends (dir.), *Lectrices d'Ancien Régime*. Rennes, Presses Universitaires de Rennes, 2003.

Cluzel, Jean. *Anne de France, fille de Louis XI, duchesse de Bourbon*. Paris, Fayard, 2002.

Krueger Roberta L. « "Chascune selon son estat" : Women's Education and Social Class in the Conduct Books of Christine de Pizan and Anne de France », in *L'Éducation des filles sous l'Ancien Régime: études à la mémoire de Linda Timmermans*. Tübingen, *Papers on French Seventeenth Century Literature*, 24 (46), 1997.

Maulde La Clavière, René de. *Anne de France, duchesse de Bourbonnais, et Louis XII*. Paris, Imprimerie nationale, 1885.

Viennot, Éliane. « Une nouvelle d'Anne de France: l'histoire du siège de Brest », in Jean Lecointe, Catherine Magnien, Isabelle Pantin & Marie-Claire Thomine (dir.), *Devis d'amitié. Mélanges en l'honneur de Nicole Cazauran*. Paris, H. Champion, 2002.

GLOSSAIRE

Affilé: tranchant, aiguisé, mordant.

Ains: mais.

Alliance: mariage.

Allié: marié.

Apercevoir: remarquer, comprendre.

Apparent: notable, important.

Apparoir: apparaître.

Appert (il ~) : il apparaît.

Ardoir: brûler.

Armes (roi d'~) : lieutenant.

Attendre: écouter attentivement. S'en ~ : s'en remettre.

Attraire: inciter.

Attrempé: tempéré, modéré.

Attrempément: avec modération, avec tempérance.

Atourner: vêtir, parer, équiper, arranger.

Aucun: quelque, quelqu'un.

Avancer: devancer.

Aventure (d'~, par ~, à l'~) : par hasard, peut-être. Être en ~ : courir le risque.

Aventurer: exposer au péril.

Bailler: porter, donner.

Bénignement: avec bienveillance.

Bien (gens de, hommes de, femmes de ~) : gens honorables (avec une connotation d'élévation sociale ou morale).

Blandir: flatter.

Bouter: pousser. Se ~ : s'introduire, persister, tomber.

Bouterie: bousculade.

Bref: bientôt, vite.
Bruit: renommée.

Celément: en cachette.
Celui (il n'y a ~ qui) : personne.
Charge: accusation. À la ~ : aux dépens.
Charger: accuser, salir. Charger de: accuser en matière de.
Chaut (3ᵉ pers. du verbe chaloir) : importer.
Chéant (du verbe choir) : tombant.
Chef: tête.
Chère: figure, visage. Accueil.
Chétif: captif.
Combien que: encore que (rectification d'une idée émise précédemment).
Comme : que.
Congé: départ. Autorisation de partir.
Conseil: secret.
Controuver: imaginer, inventer, distordre.
Coquarde: sotte, vaniteuse.
Coquardise: sottise.
Courage: cœur, caractère.
Craintif: prudent. Redoutable.
Craintivement: prudemment.
Cuider: penser, croire, s'imaginer.
Cuideraux: présomptueux.
Curiosité: soin, souci.

Débile: faible.
Déception: tromperie.
Décevable: menteur, faux.
Décevoir: tromper, trahir.
Déconforter: décourager, accabler.
Dépêcher (se ~) : se débarrasser.
Dépite: fâchée, farouche.
Dépiteux: méprisant, arrogant.
Déplaisant: fâché, contrarié.
Desservir: mériter.
Dits: écrits, discours.
Dont: d'où.
Doute: crainte.

Ébattement : distraction, divertissement.
Ébattre : s'amuser, se distraire.
Échever : éviter.
Effet (mettre à ~) : mettre en œuvre.
Embesogner (s'~) : se préoccuper, prendre en charge.
Émerveillé : stupéfait.
Enchoir : tomber.
Engin : intelligence, esprit.
Ennui : souffrance.
Ennuyer : tourmenter.
Enquerre : s'enquérir, se renseigner.
Espécial (par ~, en ~) : surtout.
Espie : espion, éclaireur.
État : statut.
Étrange : étranger.
Exprès (par ~) : spécialement, particulièrement.

Façon (de ~) : de rang important, de haute naissance.
Faut (du verbe faillir) : manque.
Feindre (se ~) : hésiter.
Feintif : trompeur.
Feintise : tromperie.
Fiance : confidence, confiance, certitude.
Fin : subtile, rusé, malin.
Finesse : ruse.
Fors : excepté.
Fortune : sort, malchance.
Froidure : refroidissement.

Gent : bien né, noble, gracieux.
Gentillesse : noblesse.
Gésine (en ~) : en couches.
Grever : manquer.
Guerdon : récompense.
Guette : trompette.

Hanter : fréquenter.
Heur : chance, opportunité

Incontinent: aussitôt.

Ja: particule de renforcement.
Jaçoit (~ que): bien que, quoique.

Laisser (à): cesser de.
Lacs: lacet, piège.
Léal: loyal.
Léans: là.
Lors: alors.

Mais que: pourvu que.
Marche: province frontalière d'un État.
Marelle: jeu de pions, proche du jeu de dames.
Méchance: malchance, malheur.
Méchoir: arriver malheur.
Méfaire: faire du mal, nuire.
Merci: pitié.
Merveille: chose étonnante.
Merveilleusement: extraordinairement.
Merveilleux: étonnant, admirable, extraordinaire.
Mêmement: surtout.
Mignotise: manière affectée, recherchée.
Miroir: modèle, type idéal.
Mondain: attaché aux plaisirs terrestres.
Moriginé: bien élevé.
Musarde: oisive, sotte, irréfléchie.

Nice: ignorant, sot.
Nicement: sottement, médiocrement.
Noble: monnaie d'or ayant eu cours en Angleterre et en France.
Nonpareil: incomparable, incommensurable.

Oiseux: oisif.
Ombre (sous ~): sous prétexte.
Onques: jamais; ~ puis: plus jamais.
Or: eh bien.
Ores: maintenant.

Parfin: extrême fin.
Parlement: discours.
Partement: départ.
Patron: modèle.
Pécune: argent.
Pensement: pensée, préoccupation.
Plaint: plainte.
Plein (à ~) : en détail.
Porter (honneur) : faire.
Pourtant: c'est pourquoi, pour cette raison.
Premier: d'abord, premièrement.
Provision: moyen de subsistance, ressources.

Ramentevoir: remettre dans l'esprit, rappeler.
Ravaler: rabaisser, humilier.
Rebouter: repousser, rabrouer, priver.
Reculer: diminuer.
Redonder (à) : rejaillir, contribuer.
Refraindre: modérer.
Regracier: remercier, rendre grâce.
Rien: chose, quelque chose. Sur toutes riens: surtout.
Rioteux: querelleur.

Savance: science, savoir, connaissance.
Scellé: accord écrit, contrat.
Semblance: ressemblance, apparence.
Semblant: apparence, manière d'être, mine.
Sens: faculté de juger, sagesse, raison.
Si: aussi, ainsi, pourtant.
Sujet: soumis, assujetti.
Supporter: apporter son soutien.

TABLE DES MATIÈRES

Ouvrage composé par le service PAO
des *Publications de l'Université de Saint-Étienne*

Achevé d'imprimer en octobre 2017
sur les presses de l'Imprimerie Chirat
42540 Saint-Just-la-Pendue

Dépôt légal : octobre 2017 – N° 201710.0353

IMPRIMÉ EN FRANCE